Cuentos de Buenas Noches para Niñas Rebeldes 2

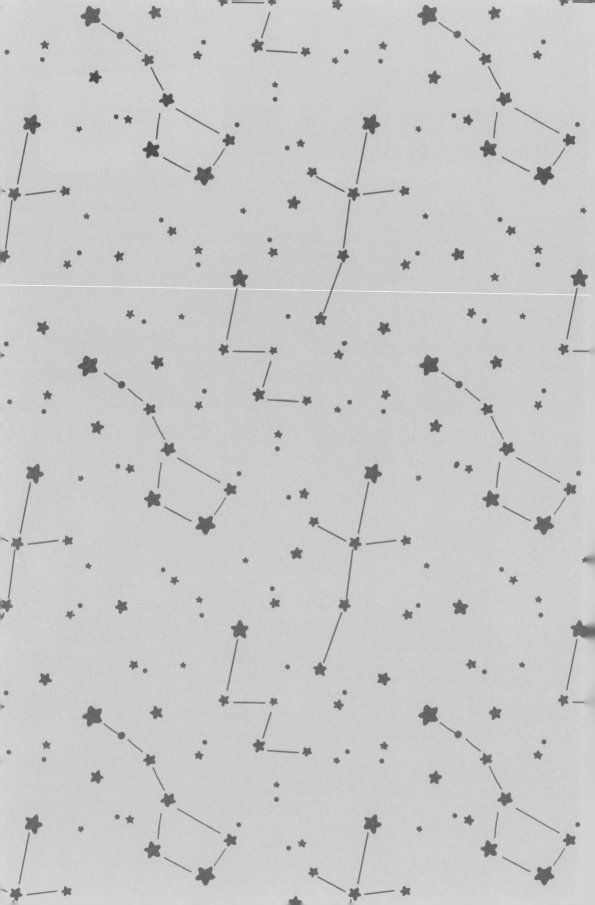

Cuentos de buenas noches para niñas rebeldes 2

Francesca Cavallo
y Elena Favilli

Planeta

© Traducción: Graciela Romero Saldaña
Diseño de portada: Pemberley Pond
Adaptación de portada: Carmen Irene Gutiérrez Romero
Diseño gráfico: Giulia Flamini
Investigación: Ariana Giorgia Bonazzi
Editor de la edición en inglés: Anita Roy
Dirección editorial y dirección de arte: Francesca Cavallo y Elena Favilli

Título original: *Good Night Stories for Rebel Girls 2*

© 2017, Rebel Girls, Inc.
Publicado por primera vez en inglés en 2017
Por Rebel Girls, Inc.
Por Francesca Cavallo y Elena Favilli
(Todos los derechos reservados en todos los países por Rebel Girls, Inc.)
www.rebelgirls.co

© 2018, Editorial Planeta Mexicana, S.A. de C.V.
Bajo el sello editorial PLANETA M.R.
Avenida Presidente Masarik núm. 111, Piso 2
Polanco V Sección, Miguel Hidalgo
C.P. 11560, Ciudad de México
www.planetadelibros.com.mx

Primera edición en formato epub: marzo de 2018
ISBN: 978-607-07-4749-6

Primera edición impresa en México: marzo de 2018
Décima reimpresión en México: abril de 2022
ISBN: 978-607-07-4743-4

Impreso en los talleres de Litográfica Ingramex, S.A. de C.V.
Centeno núm. 162-1, colonia Granjas Esmeralda, Ciudad de México
Impreso y hecho en México - *Printed and made in Mexico*

A TODAS LAS NIÑAS REBELDES
DEL MUNDO:

USTEDES SON LA ESPERANZA,
USTEDES SON LA FUERZA.

NO DEN NI UN PASO ATRÁS,
Y TODOS AVANZARÁN.

ÍNDICE

PREFACIO

Queridísimas rebeldes:

Mientras leen esta carta, el primer volumen de *Cuentos de buenas noches para niñas rebeldes* está en las mesitas de noche de aproximadamente un millón de personas. Por todo el mundo, niños y adultos están hablando de su rebelde favorita. Los maestros preparan clases sobre estas pioneras. Los políticos leen estas historias en convenciones, las jóvenes abren el libro para animarse tras un mal día y los que están por convertirse en papás lo compran para recibir a sus hijas.

Cuentos de buenas noches para niñas rebeldes ha sido traducido a más de treinta idiomas, y cada día tenemos la sensación de escuchar todos los acentos de ustedes cuando recibimos los mensajes que nos envían por correo electrónico, Facebook y Twitter. Cuando vemos en Instagram fotografías de este libro en sus casas, es como ver un álbum de familia: una familia formada por personas de todas las religiones, nacionalidades, colores, edades y estilos. Una familia global cuyos miembros vienen de pequeños pueblos (como en los que nosotras crecimos) y de grandes ciudades.

Hace un año, en nuestro pequeño departamento en Los Ángeles, comenzamos una pequeña fogata. Una fogata alrededor de la cual reunirnos y contarnos nuevas historias.

Ustedes se unieron. Invitaron a sus amigos y trajeron más leña. Trajeron sus esperanzas, sus frustraciones, su valor y su miedo, sus debilidades y sus fortalezas. Vinieron a escuchar, pero también vinieron a hablar. Y, así, la fogata creció. La familia creció.

Y de esto se trata *Cuentos de buenas noches para niñas rebeldes 2*, de las historias que ustedes nos contaron junto a aquella fogata. De la bombera asiático-americana de la que nos habló Christine en Nueva York. Del primer grupo contra la caza ilegal integrado sólo por mujeres en Sudáfrica, del cual nos contó Rita en Snapchat. De la piloto irlandesa que construyó su propio avión. Aidan nos habló de ella en una firma de libros.

Algunos dicen que las historias no pueden cambiar el mundo. Pero nosotras no estamos de acuerdo.

Una y otra vez nos han escrito para decirnos que encontraron cierta historia en nuestro libro, y a veces la historia de la que nos hablan no está ahí. Es claro que *Cuentos de buenas noches para niñas rebeldes* está enseñando a cientos de miles de personas a percatarse de historias que antes no veían. Está inspirándolas a buscar talento donde creían que no lo había. Está facilitando la tarea de encontrar potencial en lugares impredecibles.

Cuando buscamos talento en una población entera, en lugar de sólo en la mitad de ella, se abren posibilidades infinitas.

Cuando nos vemos por lo que somos, libres de estereotipos dañinos, realmente progresamos.

Cuando reconocemos la opresión y emprendemos acciones para acabar con ella, todos nos volvemos más fuertes.

Mientras pones la cabeza sobre la almohada tras leer una o tres de estas historias, ya sea al final de un extenuante día de juego o de una larga jornada laboral, estés en Ciudad del Cabo o en Aotearoa, si alguien te lee la historia o tú la lees, debes saber que estás junto al fuego con cientos de miles de rebeldes que, como tú, han emprendido un viaje.

La serie *Cuentos de buenas noches para niñas rebeldes* es una pequeña parte de una conversación mucho más grande que cualquiera de nosotras. Más grande que nuestras esperanzas individuales. Y sin duda mucho más grande que nuestros miedos.

Gracias por sentarse con nosotras alrededor de esta fogata.

Ahora comencemos.

Francesca Cavallo
Elena Favilli

CUENTOS DE BUENAS NOCHES PARA NIÑAS REBELDES 2

AGATHA CHRISTIE

ESCRITORA

Había una vez una niña a la que le encantaba escribir. Intentó todo: poemas, historias de amor, de misterio, cartas... Agatha quería ser escritora profesional más que cualquier otra cosa en el mundo. Hablaba de su sueño con su perro, George Washington, durante sus caminatas diarias. Cada nuevo lugar al que iban ella y George era para Agatha el escenario de una historia, y siempre que conocía a alguien se preguntaba si esa persona podría ser uno de sus personajes.

Agatha envió sus cuentos a varias revistas, pero los rechazaron. Las cartas de rechazo seguían llegando, pero Agatha no permitió que eso la detuviera. Era una lectora voraz y amaba especialmente las historias de asesinatos misteriosos.

Así que escribió su propia novela de detectives.

En *El misterioso caso de Styles* aparecía Hércules Poirot, un detective belga con un bigote maravilloso. Muchos editores rechazaron el manuscrito de Agatha, pero al final uno lo aceptó.

Tras publicarse, la novela fue un gran éxito y marcó el inicio de una increíble carrera. Los libros de Agatha Christie han vendido más de dos mil millones de ejemplares y se han traducido a más de cien idiomas, convirtiéndola en la novelista más vendedora de todos los tiempos.

Hércules Poirot, con su bigote puntiagudo, y Miss Marple, con sus adorables sombreros, se convirtieron en dos de los detectives más populares de la literatura. Han aparecido en programas de televisión y películas, y mantenido a millones de personas intrigadas con sus pesquisas.

A lo largo de su notable carrera, Agatha escribió sesenta y seis novelas de detectives, catorce colecciones de cuentos y la obra teatral que ha tenido más representaciones ininterrumpidas, *La ratonera*.

15 DE SEPTIEMBRE DE 1890-12 DE ENERO DE 1976

REINO UNIDO

EL MEJOR MOMENTO PARA
PLANIFICAR UN LIBRO
ES MIENTRAS LAVAS
LOS PLATOS
AGATHA CHRISTIE

AISHOLPAN NURGAIV
CAZADORA CON ÁGUILA

Había una vez una niña de trece años llamada Aisholpan, quien vivía en las heladas montañas de Altái. Durante siete generaciones, los hombres de su tribu habían cazado con águilas reales para proveer a sus familias de comida y pieles.

Las águilas reales son criaturas enormes y feroces, con afiladas garras y picos curvos que pueden ser extremadamente peligrosos, pero para Aisholpan simplemente eran hermosas. Deseaba entrenar a su propia águila, así que un día le dijo a su padre:

—Papá, sé que las niñas nunca han hecho esto, pero si me enseñas, seré buena en ello.

Su padre, que era un gran cazador con águila, lo pensó y le dijo:

—Eres fuerte. No tienes miedo. Puedes hacerlo.

El corazón de Aisholpan bailó de alegría.

Juntos fueron en sus caballos hasta lo alto de las nevadas montañas. Encontrar un aguilucho no era fácil. Con una cuerda atada a la cintura, Aisholpan escaló hasta alcanzar un nido, intentando no resbalar en las afiladas rocas. En el nido encontró una pequeña águila real completamente sola.

Para tranquilizar al ave, le cubrió la cabeza con una manta y se la llevó a casa. Aisholpan le cantó y le contó historias al aguilucho, que era hembra, para que reconociera su voz. La alimentó con pequeños trozos de carne y le enseñó cómo aterrizar en su guante.

—La trato con respeto porque, si confía en mí, no escapará. Seremos un equipo durante algunos años y luego la devolveré a la montaña. El ciclo de la vida debe continuar.

Aisholpan se convirtió en la primera mujer en entrar a la competencia del Águila Dorada en Ölgiy, Mongolia. Siguiendo su ejemplo, otras tres chicas comenzaron a entrenar para convertirse en cazadoras con águila.

NACIÓ EN 2003

MONGOLIA

ILUSTRACIÓN DE
SALLY NIXON

TENGO PLANES DE ENSEÑAR
A MI HERMANA MENOR
A CAZAR CON ÁGUILA.
AISHOLPAN NURGAIV

ALICE BALL
QUÍMICA

Hace muchos años, no había cura para la lepra, una enfermedad que ataca al cuerpo y puede dejar a sus víctimas terriblemente desfiguradas. Como no había tratamiento y la gente creía que era muy contagiosa, por lo general, quienes la sufrían eran aislados en colonias donde no tenían nada más que hacer que esperar la muerte... o que se hallara una cura.

En busca de esa cura, una joven química hawaiana muy talentosa, de nombre Alice Ball, estudiaba las propiedades de un aceite extraído del árbol de chaulmugra. Este se empleaba en la medicina tradicional de India y China para tratar enfermedades de la piel, y también se había usado contra la lepra con distintos resultados: a veces funcionaba, a veces no.

«¿Por qué?», era la pregunta que agobiaba a Alice. «¿Por qué no funciona siempre?».

Alice se unió a un cirujano asistente de un hospital de Honolulu para tratar de encontrar la respuesta a su pregunta. Desarrolló un método para separar los elementos activos del aceite de chaulmugra y creó un extracto que podía inyectarse directamente en el torrente sanguíneo del paciente con resultados extraordinarios.

Desafortunadamente, Alice murió antes de publicar sus descubrimientos. Así que la Universidad de Hawái lo hizo por ella... ¡sin darle crédito! El presidente de la universidad incluso llamó Método Dean a la técnica de extracción, como si lo hubiera inventado él.

Muchos años después, la admirable contribución de Alice Ball fue finalmente reconocida. Ahora, cada cuatro años, el 29 de febrero, Hawái celebra el Día de Alice Ball.

Alice fue la primera afroamericana y la primera mujer en graduarse en la Universidad de Hawái.

24 DE JULIO DE 1892-31 DE DICIEMBRE DE 1916
ESTADOS UNIDOS

ANDRÉE PEEL

MIEMBRO DE LA RESISTENCIA FRANCESA

Había una vez una joven que tenía un salón de belleza. Andrée era inteligente y tenía mucho estilo, y siempre ofrecía una brillante sonrisa a sus clientas.

—*Bonjour, madame* —decía—. ¿Cómo le gustaría su corte el día de hoy?

Luego estalló la Segunda Guerra Mundial, y todo cambió.

Cuando Hitler invadió su país, Andrée se unió a la Resistencia francesa, una red de gente común que trabajaba en secreto contra los nazis. Ayudó a distribuir periódicos clandestinos a otros miembros de la Resistencia; era una tarea arriesgada y peligrosa. Andrée fue rápidamente ascendida a sargento y le dieron el nombre clave de Agente Rosa.

Muchas veces arriesgó la vida. Salía por las noches y acomodaba una hilera de antorchas encendidas que funcionaban como señales para los aviones de los Aliados cuando cruzaban las líneas enemigas: gracias a la Agente Rosa, los pilotos veían esos puntos brillantes y sabían que podían aterrizar de forma segura. Ella ayudó a evitar que más de cien pilotos británicos fueran capturados por los nazis antes de ser atrapada y enviada a un campo de concentración.

Enferma, famélica y vestida con una pijama de rayas azules y blancas, Andrée fue puesta en una fila junto a otros prisioneros frente a un pelotón de fusilamiento; estaban a punto de disparar cuando las tropas Aliadas llegaron y los salvaron.

Andrée fue considerada una heroína. El presidente de Estados Unidos y el primer ministro británico le enviaron cartas para agradecerle todo lo que había hecho. Vivió una larga vida, pero siempre guardó un trozo de aquella tela blanca y azul como recordatorio de esos terribles días y para confirmar que, como ella decía: «Los milagros sí existen».

3 DE FEBRERO DE 1905-5 DE MARZO DE 2010

FRANCIA

ILUSTRACIÓN DE
ZOSIA DZIERŻAWSKA

SIEMPRE ESTUVE
DESTINADA A SER
UNA COMBATIENTE.
ANDRÉE PEEL

ANGELA MERKEL
CANCILLER

Había una vez en Templin, Alemania, una niña de siete años llamada Angela. Un domingo estaba escuchando el sermón de su padre en la iglesia cuando su madre comenzó a llorar.

—¿Qué pasa? —preguntó Angela.

—Van a construir un muro —dijo su madre—. Quieren cerrar la frontera entre Alemania del Este y del Oeste.

Angela quedó impactada.

«¿Por qué construir un muro?», pensó. «La gente debería ser libre de ir adonde quiera». No sólo los alemanes del Este no podían ir al Oeste, sino que tenían prohibido escuchar las noticias provenientes del otro lado.

Todos los días, Angela se escondía en el baño de la escuela con un pequeño radio para intentar sintonizar alguna estación occidental. Era ilegal hacerlo, pero no le importaba: quería saber qué sucedía en su país.

Cuando creció, Angela estudió **química cuántica** y quiso ser profesora universitaria. La policía secreta le dijo que sólo la ascenderían si se convertía en su espía; Angela se negó y nunca pudo dar clases.

Cuando cayó el Muro de Berlín, trabajaba como investigadora en un laboratorio. Angela llamó a su madre.

—Creo que ya podemos ir al Oeste —le dijo.

Sí que podían.

Tiempo después, Angela se convirtió en canciller de Alemania, una lideresa con mucha determinación que conocía el dolor que podían causar los muros y que deseaba que su pueblo jamás volviera a ser dividido.

NACIÓ EL 17 DE JULIO DE 1954
ALEMANIA

LO QUE BUSCAMOS ES LA ARMONÍA
ENTRE LAS NACIONES. ESA ERA
Y SEGUIRÁ SIENDO LA META MÁS
IMPORTANTE DE LA UNIDAD EUROPEA.
ANGELA MERKEL

ANITA GARIBALDI
REVOLUCIONARIA

Había una vez una talentosa jinete que adoraba la libertad. Su nombre era Anita. Su país, Brasil, pasaba por momentos difíciles. Un emperador dirigía a la nación, y un grupo de rebeldes, llamados *farrapos*, habían comenzado un levantamiento para reemplazarlo con políticos que serían elegidos por los brasileños comunes y corrientes.

Anita creía en la democracia, así que, aunque sabía que los farrapos tenían pocas esperanzas de derrotar al poderoso ejército imperial, se unió a su lucha.

Un día, un italiano barbado de nombre Giuseppe Garibaldi entró en un café. Anita y Giuseppe se miraron, se enamoraron en ese mismo instante y decidieron viajar juntos al punto más sangriento de la batalla.

Anita tenía siete meses de embarazo cuando las cosas se pusieron feas para los rebeldes. Giuseppe ordenó la retirada, pero Anita siguió luchando incluso después de que su caballo murió. El caos total estalló y ambos perdieron el rastro del otro.

Anita fue capturada y las tropas imperiales le dijeron que Giuseppe había muerto. Con el corazón roto, pidió permiso para volver al territorio enemigo a pie y buscar su cuerpo. Al no encontrarlo, robó un caballo y escapó; cruzó un río embravecido aferrándose a la cola del caballo para que la corriente no la arrastrara. Viajó por días hasta que, exhausta, llegó a una granja... ¡y ahí encontró a Giuseppe!

Se abrazaron y besaron, felices de estar juntos para el nacimiento de su primer hijo, Menotti. La guerra de los farrapos fue sólo la primera de una serie de batallas que Anita y Giuseppe enfrentaron juntos. Con el tiempo, su nombre se volvió símbolo de libertad y valentía por todo el mundo.

30 DE AGOSTO DE 1821-4 DE AGOSTO DE 1849
BRASIL

ILUSTRACIÓN DE
SARAH MAZZETTI

NO TENGAS
MIEDO DE VIVIR,
DE CORRER TRAS
TUS SUEÑOS. TEN MIEDO
DE QUEDARTE EN EL MISMO LUGAR.
ANITA GARIBALDI

ANNE BONNY
PIRATA

Anne era una niña con el cabello rojo y alborotado. Era ruda y desaliñada, y convivía con los piratas en las tabernas del pueblo. Cuando creció, se casó con uno llamado John Bonny.

Juntos navegaron a las Bahamas, pero cuando John comenzó a espiar a los otros piratas para el gobierno británico, Anne lo dejó y se fugó con un capitán pirata de nombre John Rackham. Calicó Jack, como se le conocía, era famoso por sus estrafalarios pantalones de **tela calicó** a rayas.

El mejor amigo de Anne era un modisto llamado Pierre. Un día decidieron asaltar a un mercante francés que se cruzó en su camino: echaron sangre en sus propias velas, en la cubierta del barco y sobre ellos mismos; luego pusieron uno de los vestidos de Pierre en un maniquí y también lo salpicaron con sangre.

Bajo la luz de la luna llena, navegaron silenciosamente hacia la embarcación francesa. Cuando estuvieron lo suficientemente cerca para que la otra tripulación los viera, Anne apareció junto al maniquí blandiendo un hacha.

Aterrados, ¡los marineros abandonaron el barco sin siquiera luchar!

Anne también se hizo amiga de otra pirata, llamada Mary Read. Disfrazada de hombre, Mary pertenecía a la tripulación de un barco que Anne y Calicó Jack habían capturado; Anne y Mary tomaron el mando de la nave, que se llamaba *Venganza*. Usaban lo mismo ropa de hombres que de mujeres, y se volvieron inseparables.

Cuando la Marina británica ordenó a la gente del *Venganza* que se rindiera, Anne y Mary se defendieron con fiereza, pero como sus compañeros estaban borrachos, rápidamente todos fueron capturados.

8 DE MARZO DE 1702-22 DE ABRIL DE 1782
IRLANDA

SÍGANME BAJO SU PROPIO RIESGO.
ANNE BONNY

AUDREY HEPBURN
ACTRIZ

Había una vez en Holanda una niñita llamada Audrey, que comía tulipanes. Pero no lo hacía porque amara las flores, sino porque tenía mucha hambre. La vida en Holanda durante la Segunda Guerra Mundial era dura: nunca había suficiente comida en la mesa y Audrey sentía a menudo el dolor del hambre en su estómago vacío. Los bulbos de tulipán no sabían bien, pero evitaban que muriera de hambre.

Al crecer, Audrey se mudó a Inglaterra y se convirtió en actriz de cine. Era admirada por todo el mundo por su figura elegante y su radiante belleza. La buscaban los más famosos diseñadores y se convirtió en un ícono de la moda, distinguible por su vestidito negro, sus guantes largos y su tiara de diamantes. Tras el lanzamiento de su película más famosa, *Desayuno en Tiffany's*, el «*look* Hepburn» se volvió tan popular que las mujeres solían vestirse igual, incluso visitaban la famosa joyería en Nueva York para pararse en el mismo lugar que ella.

Pero Audrey quería hacer algo más que simplemente estelarizar películas y ser admirada por su ropa: deseaba ayudar a los demás, en especial a los niños pobres y con hambre, niños tan hambrientos como ella lo estuvo alguna vez. Dedicó su vida a apoyar a la Unicef, la misma organización humanitaria que la ayudó cuando era una niña en medio de la guerra. Audrey creía que ningún niño debería pasar tanta hambre que tuviera que comer bulbos de flores.

Cuando murió, se nombró un nuevo tulipán blanco en su honor para celebrar el maravilloso trabajo que hizo con la Unicef.

4 DE MAYO DE 1929-20 DE ENERO DE 1993
BÉLGICA

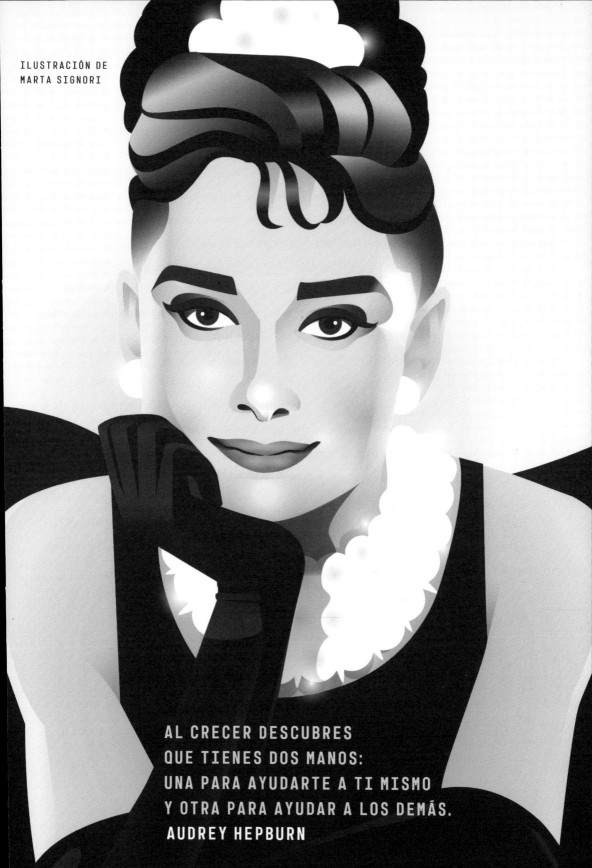

ILUSTRACIÓN DE
MARTA SIGNORI

AL CRECER DESCUBRES
QUE TIENES DOS MANOS:
UNA PARA AYUDARTE A TI MISMO
Y OTRA PARA AYUDAR A LOS DEMÁS.
AUDREY HEPBURN

BEATRICE VIO
ESGRIMISTA

Había una vez una niña italiana que era impresionante en la esgrima. Se llamaba Beatrice, pero todos le decían Bebe.

Cuando estaba en la secundaria, Bebe enfermó de gravedad. Para cuando sus padres la llevaron al hospital, su vida corría peligro. Había contraído meningitis, una dura enfermedad que ataca al cerebro y a la médula espinal, y para salvarla los doctores tuvieron que amputarle brazos y piernas.

Bebe estuvo en el hospital durante más de cien días. Cuando se recuperó de la cirugía, tenía una sola meta en mente: volver a practicar esgrima. Casi todos le dijeron que era imposible. Pero Bebe tenía un plan.

Primero, volvió a aprender cómo caminar, bañarse, abrir ventanas y cepillarse los dientes. ¡Incluso enseñó a sus compañeros de clase cómo usar sus nuevas extremidades artificiales! Luego se fijó el florete al brazo y comenzó a entrenar de nuevo. Al ser la única esgrimista en silla de ruedas del mundo sin brazos ni piernas, Bebe tuvo que inventar una técnica especial para ella. Después de un tiempo, estuvo lista para volver a competir.

En unos años, y con la ayuda de dos de los maestros de esgrima más famosos de Italia, se convirtió en campeona. Ganó la Copa Mundial en Canadá, el Campeonato Europeo en Italia, el Campeonato Mundial en Hungría y la medalla de oro en los Paralímpicos de Río de Janeiro.

—Para ser especial —dice Bebe—, necesitas convertir tus debilidades en aquello de lo que más te enorgulleces.

NACIÓ EL 4 DE MARZO DE 1997
ITALIA

NO ACEPTO UN NO POR RESPUESTA.
BEATRICE VIO

ILUSTRACIÓN DE CRISTINA PORTOLANO

BEATRIX POTTER

ESCRITORA E ILUSTRADORA

Había una vez una niña que vivía en Londres y amaba pintar animales. Beatrix se pasaba todo el año esperando las vacaciones de verano, cuando ella y su hermano menor podían escapar de las aburridas y grises calles de la ciudad para ir a las salvajes montañas de Escocia.

En cuanto desempacaba sus maletas, Beatrix tomaba sus pinturas y pinceles, se ponía unas botas y salía. Se sentaba tan callada que los ratones de campo pasaban junto a ella, y los conejos saltaban y mordisqueaban el pasto a sus pies. Las ardillas se acostumbraron a verla ahí, a la orilla del bosque, mientras ellas se perseguían por las ramas encima de su cabeza.

Cuando fue lo suficientemente mayor, Beatrix dejó la ciudad y se mudó al campo. Un día le envió una carta a un joven amigo suyo, un niño llamado Noel. En la carta, inventó una historia sobre un conejo travieso con una chamarra azul, que robaba verduras del jardín de junto y era perseguido por el granjero; Beatrix lo llamó *Peter* en honor al conejo que tenía como mascota. A Noel le encantó la historia y quiso más, así que Beatrix siguió escribiendo para él e incluso agregó fotos de Peter y sus tres hermanos, Flopsy, Mopsy y Cottontail. Más tarde publicó la historia convertida en un libro ilustrado.

Millones de niños han disfrutado los libros de Beatrix Potter y sus inolvidables personajes, incluidos la señora Tiggy-winkle, Squirrel Nutkin y los dos ratones traviesos, Tom Thumb y Hunca Munca. Su primera obra, *The tale of Peter Rabbit*, se ha convertido en uno de los libros infantiles más populares de todos los tiempos.

28 DE JULIO DE 1866-22 DE DICIEMBRE DE 1943
REINO UNIDO

HAY ALGO ENCANTADOR
EN ESCRIBIR LAS PRIMERAS
PALABRAS DE UN CUENTO.
NUNCA SABES REALMENTE
ADÓNDE TE LLEVARÁN.
BEATRIX POTTER

BEYONCÉ
CANTAUTORA Y EMPRESARIA

Beyoncé tenía seis años cuando su papá comenzó a vender boletos para que la gente fuera a su casa a verla cantar y bailar. Cuando le dijo a su mamá que quería iniciar un grupo musical con sus amigas, su mamá dijo:

—Bueno. Les haré los trajes.

Y así nació Destiny's Child.

Beyoncé era la reina del grupo. Era entregada, comprometida y quería aprender tanto como fuera posible sobre todos los aspectos del negocio de la música.

Al principio, su papá fue su mánager. Pero cuando decidió que quería tener el control de su carrera, Beyoncé le pidió que se hiciera a un lado. Madonna, la gran cantante y compositora, era su modelo a seguir. Como Madonna, Beyoncé no *sólo* quería ser una cantante popular..., quería ser poderosa. Y justo eso fue lo que logró.

Canción a canción, disco a disco y concierto a concierto, Beyoncé trazó su propio camino para convertirse en una fuente de inspiración para personas de todo el mundo. Cantó sobre la libertad, el amor, la independencia y el dolor: tanto el personal como el de la injusticia social. Además, inspiró a millones de mujeres negras a enorgullecerse de su cultura, de sus orígenes y de su propio estilo.

Cuando le pidieron presentarse en el medio tiempo del *Super Bowl*, el evento deportivo más importante de Estados Unidos, entró al estadio seguida de un ejército de bailarinas, todas vestidas de negro. Con su cautivadora canción «Formation» entonó un himno del empoderamiento negro frente a cien millones de espectadores.

Hoy es la estrella pop viva más influyente en todo el mundo.

NACIÓ EL 4 DE SEPTIEMBRE DE 1981
ESTADOS UNIDOS

ILUSTRACIÓN DE
ELINE VAN DAM

VAMOS, CHICAS,
ES HORA DE FORMARNOS.
BEYONCÉ

BILLIE JEAN KING
TENISTA

Había una vez una tenista formidable llamada Billie Jean. Fue una campeona que ganó todos los torneos más importantes de su tiempo, pero había algo que le molestaba profundamente. En esa época, las jugadoras ganaban sólo una parte de los premios monetarios que se otorgaban a los hombres.

—¿Por qué debería una mujer recibir menos? —protestó Billie Jean—. Vendemos la misma cantidad de boletos.

—Simplemente es así —le respondieron los organizadores del torneo.

—Hagan algo al respecto —dijo ella—, o voy a **boicotear** su torneo.

Los organizadores se rieron, pero ella no estaba bromeando. Junto con otras nueve tenistas creó su propio circuito con diecinueve torneos y muchos patrocinadores importantes.

La lucha por la equidad en el tenis había comenzado.

—El lugar de la mujer está en la cocina, no en la cancha de tenis —declaró Bobby Riggs, un tenista que en verdad creía que las mujeres valían menos que los hombres.

—¿Ah, sí? —dijo Billie Jean—. Permíteme mostrarte.

Billie Jean y Bobby Riggs se enfrentaron en un juego histórico llamado la Batalla de los Sexos. Treinta mil personas en el estadio y cincuenta millones de espectadores por televisión la vieron derrotar a Riggs sin perder un solo set.

Al final, los organizadores del Abierto de Estados Unidos cumplieron su exigencia, convirtiéndolo en el primer torneo importante de tenis que ofrecía un premio económico igual a hombres y a mujeres. Gracias a Billie Jean, hoy el tenis es uno de los pocos deportes donde las mujeres y los hombres han alcanzado un pago equivalente en los torneos más relevantes.

NACIÓ EL 22 DE NOVIEMBRE DE 1943
ESTADOS UNIDOS

SI VAS A COMETER UN ERROR,
HAZ QUE SEA INCREÍBLE, Y NO
TENGAS MIEDO DE GOLPEAR LA PELOTA.
BILLIE JEAN KING

BOUDICA
REINA

Había una vez una valiente reina guerrera que encabezó una rebelión contra los romanos.

Boudica tenía apenas veintiocho años cuando lideró a su tribu, los icenos, en la batalla. Su esposo, el rey, había muerto y le dejó el reino. Pero el emperador romano Nerón decidió que ninguna mujer podía gobernar un área bajo el control de su imperio, y envió a sus tropas para esclavizar a los britanos. Los nobles icenos fueron asesinados o apresados, a su reina la obligaron a caminar desnuda por las calles y sus hijas fueron azotadas.

Boudica quería venganza por esa humillación. Reunió un ejército tribal y dirigió un ataque contra el poderoso Imperio romano. Con su largo cabello rojo al vuelo y la espada alzada sobre su cabeza, infundió miedo en los corazones de sus enemigos. Su ejército irrumpió en la ciudad de Colchester, al sureste de Inglaterra, y destruyó el templo de Claudio, antiguo emperador romano, además de matar a miles de romanos y a quienes los apoyaban.

Más britanos se unieron a Boudica y, para cuando llegó a Londres, su ejército contaba con unas cien mil personas, todas leales a la reina rebelde. Pero, a pesar de verse muy superados en número, los romanos, que tenían mejores armas, ganaron y Boudica murió en la batalla.

Su nombre viene de la palabra celta *bouda*, que significa «victoria». Por su valentía y su fuerza, se convirtió en símbolo del espíritu guerrero de los británicos. Aún hoy se puede ver una gran estatua de bronce de Boudica y sus hijas sobre un impresionante carro tirado por caballos en Londres, cerca del puente de Westminster.

CIRCA 33-61
REINO UNIDO

NO LUCHO POR MI REINO NI POR MI
RIQUEZA. LUCHO COMO UNA PERSONA
COMÚN POR LA PÉRDIDA DE MI
LIBERTAD, POR MI CUERPO
HERIDO Y POR LA OFENSA
A MIS HIJAS.

BOUDICA

BRENDA MILNER

NEUROPSICÓLOGA

Brenda quería entender cómo funciona el cerebro, así que estudió psicología en la Universidad de Cambridge.

Al terminar sus estudios, se mudó a Canadá e hizo un doctorado en el Instituto Neurológico de Montreal. Era tan buena estudiante que le ofrecieron un puesto como profesora en la Universidad McGill, pero para sorpresa de todos, lo rechazó.

—Eres una psicóloga en un instituto neurológico. Aquí no podrás construir una carrera —le dijeron sus colegas.

—Me gusta este lugar —fue la única respuesta de Brenda.

Poco después, le pidieron que trabajara con un paciente especial que se había sometido a una cirugía para retirarle los lóbulos temporales de ambos lados del cerebro, imposibilitándolo para crear nuevos recuerdos a largo plazo.

Todos los días, Brenda le hacía distintos exámenes a ese hombre y tomaba notas detalladas. Con el tiempo, comenzó a notar algo extraño: cada mañana su paciente mostraba mejoría en todas las pruebas, aunque no recordaba haberlas hecho el día anterior. ¡Era un descubrimiento sin precedentes! Brenda se dio cuenta de que el cerebro tiene al menos dos diferentes sistemas de memoria: uno que se encarga de los nombres, rostros y experiencias, y otro que maneja las habilidades motrices, como nadar o tocar el piano.

—Fue el momento más emocionante de mi vida —dijo Brenda.

Brenda pasaba tiempo con sus pacientes, les hablaba y escribía hasta el más mínimo detalle de lo que dijeran. De este modo pudo detectar daños cerebrales específicos.

A Brenda se le considera la fundadora de la neuropsicología y una de las principales expertas mundiales en el tema de la memoria.

NACIÓ EL 15 DE JULIO DE 1918

REINO UNIDO

ILUSTRACIÓN DE
MARYLOU FAURE

SIENTO UNA
INCREÍBLE
CURIOSIDAD POR
LAS PEQUEÑAS COSAS
QUE ME RODEAN.
BRENDA MILNER

MADAM C.J. WALKER
EMPRESARIA

Hace tiempo, en una plantación de algodón en Louisiana, nació una niña llamada Sarah. Sus cuatro hermanos mayores habían nacido como esclavos, al igual que sus padres. Pero gracias a una importante ley llamada la Proclamación de Emancipación, Sarah fue la primera en nacer libre.

Cuando tenía catorce años, se mudó a Saint Louis, Missouri. Ahí trabajó como lavandera por un dólar con cincuenta centavos al día; por las noches, iba a la escuela. En ese tiempo, Sarah comenzó a perder el cabello, así que usó diversos productos y tratamientos para ayudarlo a crecer de nuevo, pero nada de lo que se encontraba en el mercado era lo indicado para ella.

«¿Y si pudiera crear un tratamiento capilar especial para los afroamericanos?», se preguntó.

A su esposo, que trabajaba en publicidad, le encantó la idea. Sugirió que se cambiara el nombre a «Madam» C.J. Walker para hacer que sus productos fueran más atractivos, y así lo hizo.

Sarah comenzó a viajar por el país promoviendo su línea de cuidado para el cabello y ofreciendo demostraciones del Sistema Walker: una fórmula de cuidado capilar que incluía una pomada hecha en casa (un aceite aromático), peines calientes y una forma especial de cepillado para estimular el crecimiento del cabello. Sus demostraciones se volvieron tan populares que comenzó a contratar a otras mujeres para promover sus productos, y pronto las «agentes Walker» fueron conocidas por todo el país.

El éxito de Sarah animó a otras mujeres a crear sus propias compañías, y ella apoyó a varias instituciones de ayuda que ofrecían oportunidades de educación a los afroamericanos.

Madam C.J. Walker se convirtió en la primera mujer que se volvió millonaria por sus propios medios en Estados Unidos.

23 DE DICIEMBRE DE 1867-25 DE MAYO DE 1919
ESTADOS UNIDOS

ILUSTRACIÓN DE
CRISTINA SPANÒ

MI SATISFACCIÓN NO VIENE
DE HACER DINERO PARA MÍ.
ME ESFUERZO POR OFRECER EMPLEO
PARA CIENTOS DE MUJERES DE MI RAZA.
MADAM C. J. WALKER

CARMEN AMAYA
BAILAORA

La noche en que Carmen Amaya llegó al mundo, Barcelona fue azotada por una terrible tormenta. Los truenos retumbaban, los relámpagos latigueaban y la lluvia convertía las estrechas calles en furiosos arroyos de agua sucia.

Los miembros de la familia de Carmen eran gitanos romaníes, y el baile flamenco estaba en su sangre. Cuando el padre de Carmen la vio bailar por primera vez, se preguntó si algo de aquella tormenta se había metido en las venas de su hija al nacer.

Carmen aprendió pasos de flamenco de su tía, quien era una gran bailaora. Pero la niñita nunca siguió las reglas: creaba las suyas. Para ganar dinero, bailaba descalza en las tabernas frente al mar. Se ganó el respeto hasta de los marineros más rudos, quienes la llamaban la Capitana.

Pronto comenzó a presentarse en grandes teatros. Ganó el dinero suficiente para que su familia dejara la choza donde nació, y se mudaron a un departamento decente. Al fin podían comprar sándwiches de jamón en vez de comer sólo sardinas.

En el escenario, Carmen prefería los pantalones entallados y una chaqueta bolero al traje de flamenca, el vestido tradicional que usaban las bailaoras. Cuando apareció así por primera vez, el público se volvió loco. ¡Cómo se atrevía esa muchachilla a usar ropa de hombre! Pero, cuando comenzó a bailar, Carmen los hizo callar a todos. A veces rompía los tablaos con sus pasos rápidos y estruendosos sobre el escenario; sus zapateos eran tan feroces que un miembro de la audiencia dijo que «su baile era casi sobrenatural».

Carmen fue una bailaora tan increíble que aún ahora es recordada como la Reina de los Gitanos.

2 DE NOVIEMBRE DE 1913-19 DE NOVIEMBRE DE 1963
ESPAÑA

LOS PANTALONES NO PERDONAN, SE VEN
TODOS LOS DEFECTOS DEL MUNDO Y
NO TIENES DÓNDE AGARRARTE.
CARMEN AMAYA

CELIA CRUZ

CANTANTE

Había una vez, en un barrio pobre de La Habana, Cuba, una niña que solía cantarles a sus hermanos y hermanas para que se durmieran.

—¡Qué voz tan increíble! —decían los vecinos—. Canta como un ángel.

Cuando Celia creció, su primo la inscribió en un concurso de canto en una estación de radio local. Quedó en primer lugar... y como premio ile dieron un pastel!

Celia amaba cantar canciones de **santería** en la lengua yoruba de África Occidental. Su padre no estaba de acuerdo con que cantara y quería que fuera maestra. Pero la música, y en especial los hechizantes ritmos de la **salsa**, corrían por las venas de Celia.

Ingresó al Conservatorio Nacional de Música y comenzó a grabar discos. Un día, un popular grupo de salsa llamado La Sonora Matancera comenzó a buscar una nueva cantante. Esa fue la gran oportunidad de Celia, y ella la aprovechó.

Pero poco tiempo después estalló la revolución en Cuba y muchos músicos huyeron a Estados Unidos. Celia fue una de ellos. Aun así, nunca olvidó de dónde venía.

Un día, en un café de Miami, una mesera le preguntó si tomaba su café con o sin azúcar.

—¿Estás loca? —le preguntó ella riéndose—. ¡Soy cubana! ¡*Siempre* queremos azúcar!

De ahí en adelante, siempre que estaba en el escenario gritaba «¡Azúcar!» y el público enloquecía.

Con su extravagante personalidad, su increíble voz y su ritmo contagioso, Celia ayudó a que la salsa se popularizara al máximo por toda América. Grabó más de setenta discos, ganó varios Grammys y fue la indiscutible Reina de la salsa durante cuarenta años.

21 DE OCTUBRE DE 1925-16 DE JULIO DE 2003

CUBA

ILUSTRACIÓN DE
PING ZHU

NO HAY QUE LLORAR,
QUE LA VIDA ES UN CARNAVAL.
CELIA CRUZ

CHIMAMANDA NGOZI ADICHIE

ESCRITORA

Había una vez en Nigeria una niñita llamada Chimamanda que adoraba los libros. Leía todos los que podía encontrar y, cuando cumplió siete años, comenzó a escribir sus propias historias.

Chimamanda siempre había vivido en Nigeria. Comía mangos y jugaba bajo el sol todo el año. Aun así, todos los personajes de sus historias eran blancos: tenían ojos azules, comían manzanas y jugaban en la nieve.

—No creía que la gente con la piel color chocolate pudiera aparecer en los libros —dijo.

Un día, Chimamanda se dio cuenta de que eso era una tontería y comenzó a buscar libros africanos con gente africana en ellos. Aunque vivía en África, estos fueron más difíciles de encontrar que los libros europeos o estadounidenses llenos de gente blanca. Pero cuando al fin los halló, le pareció genial ver a personas parecidas a ella como personajes de libros. Quería que hubiera más.

Chimamanda se convirtió en una escritora excepcional. Viajó por el mundo contando historias sobre Nigeria y América, sobre mujeres y hombres, sobre la migración y los salones de belleza, sobre la moda y la guerra.

Tenía un agudo sentido del humor y un don increíble para explicar de forma clara cosas aparentemente complicadas. Las personas adoraban sus libros. Amaban sus discursos. Compartían videos de sus conferencias con los demás para sentirse inspiradas y empoderadas.

Chimamanda se convirtió en una vocera apasionada de la equidad de género.

—Algunas personas dicen que las mujeres deben subordinarse a los hombres porque así es nuestra cultura —dijo—. Pero ¡la cultura está en constante cambio! La cultura no hace a la gente. ¡La gente hace la cultura!

NACIÓ EL 15 DE SEPTIEMBRE DE 1977
NIGERIA

EL RACISMO NUNCA DEBIÓ EXISTIR
Y POR ESO NO TE GANARÁS UN
PREMIO POR DISMINUIRLO.
CHIMAMANDA NGOZI ADICHIE

CRISTINA DE SUECIA

REINA

Hubo una vez una reina de seis años. Se llamaba Cristina, y había sucedido a su padre en el trono cuando él murió.

Cristina era inteligente y tremendamente independiente. Como tenía muchas responsabilidades sobre sus hombros, sabía que debía crecer pronto, así que estudió filosofía, arte, idiomas y hasta *ballet* para moverse con la gracia de una reina.

Cuando Cristina cumplió dieciocho años, todos esperaban que se casara con un buen hombre de familia noble, alguien que aumentara su poder. Pero ella estaba enamorada de una de sus damas de compañía, una joven muy bella de nombre Ebba Sparre, y no tenía interés en casarse.

Después de reinar durante diez años, Cristina sorprendió a todos renunciando al trono y mudándose a Roma. Ahí se la pasó muy bien, y se hizo amiga de artistas, escritores, científicos y músicos de todas partes de Europa. Sin embargo, después de un tiempo, se dio cuenta de que extrañaba ser reina e ideó tomar el control del reino de Nápoles, pero su plan se desmoronó rápidamente.

El papa dijo que era «una reina sin reino, una cristiana sin fe y una mujer sin vergüenza», y tenía razón. Cristina nunca tuvo pena de mostrar al mundo quién era realmente, aunque la criticaran. No era una persona convencional y le encantaba ser así. Gracias a su espíritu libre, se convirtió en una de las mujeres más influyentes de su época.

En Roma, Cristina formó el círculo literario que dio origen a la Academia de la Arcadia, un instituto de literatura y filosofía que aún existe hoy en día.

8 DE DICIEMBRE DE 1626-19 DE ABRIL DE 1689
SUECIA

ILUSTRACIÓN DE
ELENI KALORKOTI

DA MUCHA MÁS ALEGRÍA NO OBEDECER A NADIE
QUE REINAR SOBRE TODO EL MUNDO.
CRISTINA DE SUECIA

CLARA ROCKMORE

MÚSICA

Un día, en Rusia, una niña de cuatro años se paró en una mesa y comenzó a tocar el violín. Su nombre era Clara, y estaba haciendo una audición para el Conservatorio de San Petersburgo.

Clara era una niña prodigio, y estaba decidida a convertirse en una violinista famosa.

Pero después de la Revolución rusa, los padres de Clara decidieron irse del país. Hicieron un viaje difícil y peligroso que pagaron, en parte, los conciertos que iban dando Clara y su hermana por el camino. Para cuando llegaron a Nueva York, Clara había desarrollado una debilidad en un brazo que la obligó a abandonar el violín. Estaba destrozada.

Pero no pasó mucho tiempo antes de que descubriera algo milagroso: ¡había un instrumento con el que se podía hacer música sin siquiera tocarlo! El intérprete se paraba frente a un tablero electrónico y movía las manos entre dos antenas: sus movimientos eran captados por el dispositivo y los convertía en música, como un mago al conjurar un hechizo. Ese nuevo y extraño instrumento se llamaba theremín en honor de su inventor, Leon Theremin.

—Puedo tocar en el aire —dijo Clara—. ¡Es tan hermoso!

El theremín era difícil de tocar, pero ella tenía un talento natural. Se convirtió en pionera de la música electrónica y en la thereminista más famosa del mundo. Sus manos flotaban sobre el theremín y de la nada se materializaban las melodías más dulces y cautivadoras.

Leon Theremin se enamoró de Clara y le preparó un pastel de cumpleaños que giraba y se encendía cuando ella se acercaba. Le propuso matrimonio varias veces, pero Clara nunca aceptó.

9 DE MARZO DE 1911-10 DE MAYO DE 1998

LITUANIA

QUEDÉ FASCINADA CON LA IDEA
DE TOCAR EN EL AIRE.
CLARA ROCKMORE

CLARA SCHUMANN

PIANISTA Y COMPOSITORA

Para cuando Clara cumplió ocho años, ya era una pianista extraordinaria. Tras uno de sus conciertos en una casa particular, se le acercó un chico de diecisiete años: su nombre era Robert Schumann y también era pianista. El joven le dijo a Clara que era fantástica, y pronto se hicieron buenos amigos.

Clara viajó por Europa dando conciertos y se convirtió en una de las compositoras y pianistas más famosas de su época. Robert también era un gran compositor, y el amor que compartían por la música los unió más y más hasta que se casaron cuando ella cumplió veintiún años.

En ese tiempo se esperaba que las mujeres dedicadas a la música dejaran de trabajar tras casarse; algunas personas creían que componer les quitaría la energía que requerían para dar a luz y criar a sus hijos. Pero para Clara tocar y componer música no eran sólo un trabajo: eran su pasión, su talento, su razón de vivir. No tenía intención de dejarlo.

Ella y Robert tuvieron ocho hijos, y Clara dio cientos de conciertos, ¡más que cualquier otro pianista contemporáneo! También compuso más de veinte obras para piano, un concierto, música de cámara y varias canciones más breves.

Clara y Robert se amaron profundamente, y cuando él murió, ella dejó de componer y dedicó su vida a tocar la música de su esposo ante el público de todo el mundo. Años después, en su lecho de muerte, le pidió a su nieto que tocara el *Romance en fa sostenido mayor*, una pieza que Robert había compuesto para ella. Murió antes de que desaparecieran las últimas notas.

13 DE SEPTIEMBRE DE 1819-20 DE MAYO DE 1896

ALEMANIA

SI BIEN TUVE MUCHOS
PROBLEMAS EN MI JUVENTUD,
TAMBIÉN TUVE MUCHA ALEGRÍA.
CLARA SCHUMANN

CLEMANTINE WAMARIYA
CUENTISTA Y ACTIVISTA

«Había una vez» era la frase favorita de Clemantine. Siempre, antes de dormir, escuchaba las mágicas historias que su niñera le contaba. Cada mañana iba al kínder. Cada tarde volvía a casa para jugar bajo el árbol de mango, y cada noche cenaba con su familia. Era una niña feliz.

Pero un día su amada niñera desapareció. Poco después, Clemantine dejó de ir al kínder. Luego sus padres le prohibieron jugar afuera. Después se mudaron al cuarto más pequeño de su casa y durante la noche mantenían las luces apagadas.

Finalmente los padres de Clemantine las subieron a ella y a su hermana, Claire, a un carro para que las llevara a casa de su abuela.

Clemantine, de seis años, y Claire, de nueve, llegaron bien, pero luego de dos días su abuela les dijo que tenían que huir. Las mismas personas que habían desaparecido a su niñera ahora las buscaban a ellas.

Las hermanas caminaron por días, semanas y meses. Clemantine no sabía dónde estaba ni por qué sus padres no iban con ella.

Tras pasar siete años entrando y saliendo de campos de refugiados africanos, Claire y Clemantine llegaron a Chicago para empezar una nueva vida. Clemantine volvió a la escuela, donde estudió historia y aprendió sobre el **genocidio de Ruanda**. Llegó a comprender que en el mundo hay muchos niños que, como ella y Claire, fueron desplazados y perdieron a sus familias.

Clemantine se convirtió en cuentista y activista. Con sus historias ayuda a los refugiados a tener valor, resiliencia y esperanza, incluso en medio del caos.

NACIÓ EL 18 DE DICIEMBRE DE 1988
RUANDA

ILUSTRACIÓN DE
ALICE BARBERINI

LA SEGURIDAD DEBERÍA SER
UN DERECHO DE NACIMIENTO.
CLEMANTINE WAMARIYA

CORRIE TEN BOOM
RELOJERA

Había una vez una niña llamada Corrie que nació en una relojería en Haarlem, en los Países Bajos. El abuelo de Corrie había sido relojero, y también su padre, así que cuando ella creció, decidió seguir la tradición familiar y convertirse en la primera mujer relojera en Holanda.

Pero hacer relojes no fue la única tradición familiar que Corrie continuó. Los Ten Boom eran cristianos devotos que creían en abrir las puertas de su casa a quien lo necesitara. Así que cuando los judíos empezaron a ser perseguidos durante la Segunda Guerra Mundial, Corrie supo que tenía que ayudarlos.

Construyó un cuarto secreto detrás de una pared falsa en su habitación y se unió a una red llamada la Resistencia holandesa, que protegía a la gente perseguida por los nazis. Corrie instaló un timbre para avisar que había peligro. Siempre que los soldados iban a inspeccionar la tienda, ella hacía sonar el timbre y la gente que se escondía en su casa tenía más o menos un minuto para ocultarse en el cuarto secreto.

Un día, un informante holandés traicionó a Corrie y envió a la policía secreta nazi, conocida como la Gestapo, a catear su casa. Encontraron evidencia de que había estado ayudando a judíos y a miembros de la Resistencia holandesa, y los arrestaron a ella y a su padre, pero no pudieron encontrar el cuarto secreto, donde se escondían seis personas.

Corrie y su hermana fueron enviadas a un campo de concentración durante casi un año.

Corrie y su familia salvaron a más de ochocientos judíos, así como a muchos miembros de la Resistencia holandesa. Ella se convirtió en un símbolo de valor, unidad y dignidad inquebrantable para las personas de cualquier religión y estilo de vida.

15 DE ABRIL DE 1892-15 DE ABRIL DE 1983

PAÍSES BAJOS

TEN BOOM HORLOGERIE

HAARLEM
1837

ILUSTRACIÓN DE
CLAUDIA CARIERI

DESPUÉS DE TODO,
LA VIDA NO SE MIDE
POR CUÁNTO DURA,
SINO POR CUÁNTO
SE AYUDA.

CORRIE TEN BOOM

ELEANOR ROOSEVELT
POLÍTICA

Había una vez una niña muy seria llamada Eleanor Roosevelt.

Cuando era adolescente, Eleanor fue enviada a estudiar a Londres. Ahí conoció a una extraordinaria maestra llamada Marie Souvestre. La señorita Souvestre quería que Eleanor pensara por sí misma, que fuera libre e independiente. Eleanor estudió con ella durante tres años, y luego le pidieron volver a casa porque su abuela quería que se casara.

De regreso en Estados Unidos, Eleanor conoció a otro Roosevelt. Su nombre era Franklin Delano. Se casaron, pero poco después él enfermó de poliomielitis. La enfermedad lo dejó paralizado de la cintura para abajo, pero Eleanor no le permitió abandonar sus sueños. Con su determinación y apoyo, Franklin siguió adelante hasta convertirse en presidente de Estados Unidos.

Como primera dama, Eleanor dio discursos, viajó por todos los estados y se convirtió en una defensora de los derechos humanos. Creía que todos nacemos libres e iguales en dignidad y derechos, y estaba decidida a promoverlos en tantos países como fuera posible.

Tras la muerte de su esposo, Eleanor fue nombrada delegada de Estados Unidos en las Naciones Unidas. Fue presidenta de la Comisión de los Derechos Humanos y dirigió la creación de uno de los documentos más importantes del siglo XX: la Declaración Universal de los Derechos Humanos.

Este hermoso documento inspiró a los gobiernos a aprobar leyes para proteger la vida humana y alentó a los ciudadanos a defenderse cuando les fueran negados sus derechos fundamentales. Gracias a Eleanor, y al trabajo incansable de muchos representantes de todo el mundo, la libertad, la equidad, la dignidad, el respeto y la seguridad se convirtieron en metas comunes para todas las personas y todas las naciones.

11 DE OCTUBRE DE 1884-7 DE NOVIEMBRE DE 1962
ESTADOS UNIDOS

DECLARACIÓN UNIVERSAL DE
LOS DERECHOS HUMANOS

HAZ TODOS LOS DÍAS
ALGO QUE TE DÉ MIEDO.
ELEANOR ROOSEVELT

ELLEN DEGENERES
COMEDIANTE Y PRESENTADORA DE TELEVISIÓN

Una noche, Ellen soñó con un ave enjaulada. En su sueño, el ave se daba cuenta de que había suficiente espacio entre los barrotes para irse volando.

Ellen sabía exactamente lo que significaba ese sueño. Era comediante y la protagonista de un popular programa de televisión donde interpretaba a una mujer que amaba a los hombres; en la vida real, Ellen amaba a las mujeres, pero no podía decírselo a nadie.

En ese tiempo, sus jefes pensaban que si los fans del programa sabían que era lesbiana, dejarían de verlo. Pero mantenerlo en secreto no le parecía bien a Ellen. Ya no quería esconderse y deseaba que otras personas gays de todo el mundo vieran que no estaban solas. Así que, en un episodio de su programa, su personaje «salió del clóset» ante su terapeuta, interpretada por Oprah Winfrey. Fue la primera vez en la historia que un personaje protagónico de un programa de televisión era abiertamente gay. Luego, Ellen le dijo al público que ella también lo era.

Su revelación causó conmoción en los medios estadounidenses. Su programa fue cancelado poco después, y Ellen se quedó sin trabajo y deprimida. Durante tres años no recibió ni una sola oferta de trabajo.

Hasta que un día el teléfono sonó.

—¿Te gustaría interpretar a un pez con problemas de memoria en la nueva película de Pixar? —preguntó la voz en el auricular. Ellen estaba feliz. El pez, llamado Dory, se convirtió en un personaje icónico.

Hoy Ellen es una superestrella. Recibió la Medalla Presidencial de la Libertad por su valor, y su programa de entrevistas es visto diariamente por millones de personas. A ella le gusta decir: «Descubre quién eres y decide en qué crees. No importa si es diferente de lo que tus vecinos y tus padres creen».

NACIÓ EL 26 DE ENERO DE 1958
ESTADOS UNIDOS

LA GENTE SIEMPRE
ME PREGUNTA SI DE
NIÑA ERA DIVERTIDA.
NO, ERA CONTADORA.
ELLEN DEGENERES

FLORENCE CHADWICK

NADADORA

El océano era el lugar favorito de Florence. Sus padres la observaban desde la playa mientras nadaba, y nadaba y nadaba. Era tan buena nadadora que todos esperaban que la eligieran para competir en los Juegos Olímpicos de Los Ángeles.

Pero a Florence no le gustaban las albercas: le parecían aburridas. Adoraba sentir el agua fría del mar, sentir las corrientes, cuidarse de los tiburones, encontrar su propio ritmo entre las olas. Amaba nadar hacia lo desconocido.

—En aguas abiertas —solía decir—, nunca sabes con qué pez te puedes encontrar o cómo podrían cambiar las condiciones.

Aunque podía nadar más lejos que casi cualquier otra persona, Florence no era considerada una atleta profesional. Los nadadores profesionales sólo nadaban en albercas, y a Florence no le gustaban. Así que aceptó un trabajo como secretaria en Arabia Saudita. Cuando no estaba trabajando, nadaba en el golfo Pérsico. Guardó cada centavo que pudo, porque tenía una meta en mente: «Un día cruzaré nadando el canal de la Mancha».

Cuando estuvo lista, Florence usó todos sus ahorros para comprarle a su papá un boleto de avión de California a Francia. Contrató un bote para que pudiera seguirla mientras ella cruzaba nadando el canal, para animarla y darle bocadillos por el camino. Aún era de noche cuando saltó al agua y comenzó a nadar.

Florence se convirtió en la primera mujer en cruzar a nado el canal de la Mancha en ambas direcciones, así como también la primera en nadar el estrecho de Gibraltar, el Bósforo y los Dardanelos. A veces fracasaba, pero nunca dejó de buscar nuevos canales para cruzarlos.

9 DE NOVIEMBRE DE 1918-15 DE MARZO DE 1995
ESTADOS UNIDOS

ILUSTRACIÓN DE
NOA SNIR

MANTENGO UNA IMAGEN MENTAL
DE LA ORILLA EN MI PENSAMIENTO
MIENTRAS NADO.
FLORENCE CHADWICK

GAE AULENTI

ARQUITECTA Y DISEÑADORA

Había una vez una niña que no soportaba ver ruinas. La Segunda Guerra Mundial había destruido su escuela y todos los lugares que amaba. «Un día lo reconstruiré todo», se prometió. Su nombre era Gae.

Cuando la guerra al fin terminó, Gae estudió para convertirse en arquitecta. En ese tiempo, la arquitectura era un campo dominado por los hombres, y ella era una de las dos únicas mujeres en una clase de cincuenta personas.

Pero Gae no se intimidaba fácilmente. Después de graduarse, fue una de las pocas arquitectas involucradas en la reconstrucción de Italia tras la guerra.

Gae veía la arquitectura como una forma de manipular el espacio con luz. Cuando le pidieron que transformara en un museo la vieja estación de trenes de Orsay en París, permitió que la luz natural inundara todo el pasillo central a través de un techo de cristal. Para un salón de exhibiciones de Olivetti en Buenos Aires, Argentina, usó máquinas de escribir y espejos para crear unas escaleras que parecían multiplicarse al infinito.

Gae también trabajó como diseñadora de escenografías teatrales.

—El teatro me enseñó el valor de la acción en la arquitectura —dijo una vez—. En la arquitectura, una puerta es sólo una puerta. Pero en el escenario una puerta puede ser una frontera, un umbral.

Experimentó constantemente con muebles y objetos cotidianos. Diseñó una mesa móvil usando cuatro ruedas de bicicleta para sostener una cubierta de cristal flotante. Para su icónica lámpara Pipistrello, creó una pantalla con forma de alas de murciélago.

Gae trabajó toda su vida diseñando edificios, museos, objetos y espacios públicos por todo el mundo. Figura entre los principales arquitectos de todos los tiempos.

4 DE DICIEMBRE DE 1927-31 DE OCTUBRE DE 2012
ITALIA

ILUSTRACIÓN DE
GAIA STELLA

DURANTE EL DÍA,
UNA VENTANA
ES UNA HERMOSA
LÁMPARA.
GAE AULENTI

GEORGIA O'KEEFFE

PINTORA

Había una vez una mujer que vio una puerta. Era una puerta común, desgastada y vieja, colocada sobre una pared de adobe. Pero ella no era una mujer común: se llamaba Georgia O'Keeffe y era una gran artista.

Pasó todo el día haciendo una pintura de la puerta. Luego dio un paso atrás y observó el lienzo. Había algo que no estaba del todo bien, algo faltaba. Así que comenzó otra pintura. Consideró que era mejor que la primera, pero todavía no estaba bien. Empezó de nuevo. Y de nuevo. ¡Hizo más de veinte pinturas de la misma puerta!

Cada vez que Georgia se proponía pintar algo, quería llegar a lo más profundo de ese objeto: una flor, una colina, un cráneo de animal o una puerta vieja y común. No sólo quería pintar cómo se *veía* la flor, sino cómo *era*: su esencia más pura.

—Cuando tomas una flor y la miras realmente —explicaba—, es tu mundo en ese momento.

Sus pinturas de flores eran enormes, como si una sola flor pudiera llenar el cielo entero. Con formas simples y bloques de color, Georgia creó todo un nuevo lenguaje en el arte.

Su trabajo se volvió muy popular y todos querían conocerla, pero a ella le gustaba estar sola. Vivía en un lugar llamado Ghost Ranch, en Nuevo México. Le encantaba estar ahí, donde la luz del desierto era fuerte y brillante, y el paisaje salvaje y libre... como ella.

15 DE NOVIEMBRE DE 1887-6 DE MARZO DE 1986
ESTADOS UNIDOS

SE REQUIERE VALOR
PARA CREAR UN MUNDO PROPIO.
GEORGIA O'KEEFFE

GERTY CORI

BIOQUÍMICA

Había una vez una niña que fue nombrada en honor a un barco de guerra. Gerty tenía dieciséis años cuando decidió que quería estudiar ciencias, pero le dijeron que no podía porque no tenía suficientes conocimientos de latín, matemáticas, física y química. Sin embargo, Gerty no se dio por vencida: en dos años se las arregló para estudiar el equivalente a ocho años de latín y cinco de matemáticas, física y química.

Fue la primera mujer en ser aceptada en la escuela de medicina de la Universidad Charles de Praga. Ahí se hizo amiga de un compañero llamado Carl Cori: él adoraba el encanto de Gerty, su sentido del humor y su pasión por el montañismo. Se graduaron, se casaron, emigraron a Estados Unidos y juntos fueron felices por el resto de sus vidas.

En Estados Unidos, Gerty y Carl trabajaron como equipo en un laboratorio y colaboraron escribiendo artículos científicos. Juntos descubrieron cómo la **glucosa** es descompuesta por **enzimas** en el cuerpo para generar energía. Este proceso llegó a conocerse como el ciclo de Cori.

Su investigación ha ayudado a miles de niños con **diabetes**, y también les mereció el Premio Nobel de Fisiología o Medicina. Gerty fue la primera mujer estadounidense en ganar un Premio Nobel en una disciplina científica, y los Cori fueron uno de los pocos matrimonios en ganar el premio.

En su equipo realmente había equidad. Gerty y Carl trabajaron juntos en sus investigaciones científicas hasta el fin de sus vidas. Cuando le preguntaron cuál era el secreto de la verdadera felicidad, Gerty respondió:

—El amor y la dedicación a tu trabajo.

15 DE AGOSTO DE 1896 - 26 DE OCTUBRE DE 1957

REPÚBLICA CHECA

ILUSTRACIÓN DE
CLAUDIA CARIERI

CREO QUE EN EL ARTE Y LA CIENCIA
ESTÁ LA GLORIA DE LA MENTE HUMANA.
NO ME PARECE QUE HAYA UN
CONFLICTO ENTRE ELLAS.
GERTY CORI

GIUSI NICOLINI

ALCALDESA

Había una vez una jovencita llamada Giusi que amaba la pequeña isla de Lampedusa, donde nació. Los grupos criminales y las despiadadas corporaciones querían destruir las inmaculadas playas de Lampedusa para construir hoteles y casas vacacionales, pero Giusi no lo iba a permitir.

Como directora de la reserva natural de Lampedusa, dijo: «Es mi deber proteger esta isla por todos los medios». Sus enemigos quemaron la tienda de su padre. «No me intimidarán», declaró. Su carro y la camioneta de su novio fueron incendiados. «¡No voy a echarme para atrás!».

Lampedusa es una pequeña isla en el mar Mediterráneo, entre Europa y África. Muchos refugiados que huían de África para escapar de la guerra y construir una nueva vida en Europa llegaban ahí. Los habitantes de Lampedusa no sabían qué hacer: «¿Deberíamos regresar a esta gente para proteger nuestra isla?», se preguntaban. «¿O deberíamos recibirlos?».

Con estas preguntas en mente, fueron a votar para elegir a su próximo alcalde. Giusi era uno de los cinco candidatos. La población sabía que anteriormente ella había dado todo para proteger a la isla, así que querían escuchar qué opinaba sobre la situación actual. Giusi explicó su punto de vista con siete sencillas palabras: «Proteger a la gente, no las fronteras».

Los habitantes de Lampedusa la eligieron a ella.

Como alcaldesa, Giusi reorganizó el centro de inmigración de la isla para poder recibir a tantos refugiados como fuera posible.

—Queremos ver muchos barcos en nuestros puertos —decía—, porque eso significará que esas personas llegaron hasta aquí y no se ahogaron.

NACIÓ EL 5 DE MARZO DE 1961

ITALIA

ILUSTRACIÓN DE
LAURA PÉREZ

ES NATURAL QUE
UNA ISLA LES DÉ LA
BIENVENIDA A TODOS.
GIUSI NICOLINI

GLORIA STEINEM
ACTIVISTA

Había una vez una mujer que viajaba mucho. Cuando era niña, viajaba en el camión de sus padres. Cuando creció, siguió viajando en avión, tren, autobús... ie incluso en el lomo de un elefante! Viajó decenas de miles de kilómetros, año tras año, porque tenía un importante mensaje que transmitir y quería entregarlo a cuantas personas pudiera.

Su nombre era Gloria Steinem, y su mensaje era sencillo, pero a la vez revolucionario: creía que las mujeres y los hombres debían ser iguales. Decía que las mujeres debían tener el derecho a decidir si querían hijos, que sus salarios deberían ser los mismos que los de los hombres y que nunca deberían sufrir abusos por parte de sus esposos.

Gloria era feminista.

Mucha gente consideraba que una mujer sin un hombre no era una persona completa. Gloria pensaba que eso era ridículo.

—Una mujer sin un hombre —decía en broma— ies como un pez sin una bicicleta!

Les decía a las mujeres que podían escoger la vida que quisieran, y que no todas tenían que vivir de la misma manera. No debían tener hijos si no querían. También creía que la gente formaba familias de muchas maneras distintas, y que cualquier familia podía ser feliz, siempre y cuando todos sus integrantes se amaran y respetaran unos a otros.

Hasta hoy, Gloria inspira a mujeres de todo el mundo para pelear por sus derechos.

—A veces la verdad puede hacerte enojar —reconoce—, pero siempre terminará por liberarte.

NACIÓ EL 25 DE MARZO DE 1934
ESTADOS UNIDOS

ILUSTRACIÓN DE
MALIN ROSENQVIST

EL PODER PUEDE
TOMARSE, MAS NO
OTORGARSE.
EL PROCESO DE
TOMARLO TE EMPODERA
EN SÍ MISMO.
GLORIA STEINEM

HEDY LAMARR

ACTRIZ E INVENTORA

Había una vez en Austria una hermosa bebé llamada Hedy. Cuando creció, se casó con un hombre rico y se fue a vivir a un castillo. Al principio parecía un sueño hecho realidad, pero Hedy pronto descubrió que ella y su esposo no se llevaban bien.

—Era como una muñeca —dijo—. ¡Él creía que yo no pensaba!

Peor aún: su esposo les vendía armas a los nazis y fascistas, y ella frecuentemente tenía que estar en reuniones sobre las tecnologías militares que esos regímenes malvados usarían para conseguir sus propósitos.

Un día, Hedy decidió que ya era suficiente, así que se disfrazó de trabajadora de limpieza y escapó a París. Ahí conoció a un importante productor de Hollywood llamado Louis B. Mayer. Lo siguió a Los Ángeles, con el tiempo hicieron dieciocho películas y Hedy se convirtió en una de las estrellas de cine más grandes del mundo.

Entre películas, Hedy inventó un nuevo tipo de semáforo y una cápsula para hacer agua gasificada, y ayudó a un magnate a construir aviones más eficientes al sugerirle modificaciones a su diseño.

Durante la Segunda Guerra Mundial, Hedy supo que los nazis podían proteger sus submarinos de los torpedos interfiriendo las señales de radio utilizadas para guiar a los proyectiles.

—Yo puedo resolver ese problema —dijo, y se puso a trabajar.

Con la ayuda de un amigo músico, inventó un sistema de comunicación secreto que podía cambiar automáticamente la frecuencia de la señal de radio de un torpedo, haciendo imposible que los enemigos los desviaran.

Su trabajo sentó las bases de las tecnologías Wi-Fi y Bluetooth que todos usamos hoy en día.

9 DE NOVIEMBRE DE 1914-19 DE ENERO DE 2000

AUSTRIA

ILUSTRACIÓN DE
MARTA SIGNORI

INTENTA TODO,
ÚNETE A TODO,
CONOCE A TODOS.
ESE ES EL SECRETO DE LA VIDA.
HEDY LAMARR

HORTENSIA

ORADORA

Había una vez una mujer que sabía cómo ganar una discusión. Su nombre era Hortensia y vivió en una etapa turbulenta de la historia de la antigua Roma.

El emperador romano Julio César había sido asesinado recientemente, y fue reemplazado como gobernante por Marco Antonio, Octaviano y Marco Emilio Lépido. Juntos, se hacían llamar el triunvirato.

El triunvirato quería declarar la guerra a los asesinos de Julio César, pero necesitaban dinero para el conflicto, así que decidieron cobrar impuestos de propiedad a mil cuatrocientas romanas ricas para financiarlo. Hortensia era una de ellas, pero no entendía que las mujeres no pudieran opinar sobre una decisión que las afectaba, así que decidió hacer algo al respecto.

Al principio intentó persuadir a las esposas del triunvirato para que hablaran con sus maridos, pero no tuvo éxito. Flavia, la mujer de Marco Antonio, estaba más interesada en proteger la decisión de su esposo que sus propios derechos, y echó a Hortensia de su casa.

Indignada, Hortensia se abrió paso hasta el tribunal y expuso su caso con un discurso inolvidable.

—¿Por qué deberíamos financiar su guerra —quiso saber— cuando no tenemos voz en el gobierno, ni honores ni espacios en los puestos públicos? Con gusto pagaríamos impuestos para ayudar a proteger a nuestro país contra una invasión extranjera, pero no nos pueden obligar a pagar por su guerra civil.

El triunvirato se enfureció. Pero Hortensia convenció a tanta gente con su discurso que los tres gobernantes tuvieron que escuchar su brillante razonamiento y, al final, cambiaron su política.

FECHA DESCONOCIDA

ITALIA

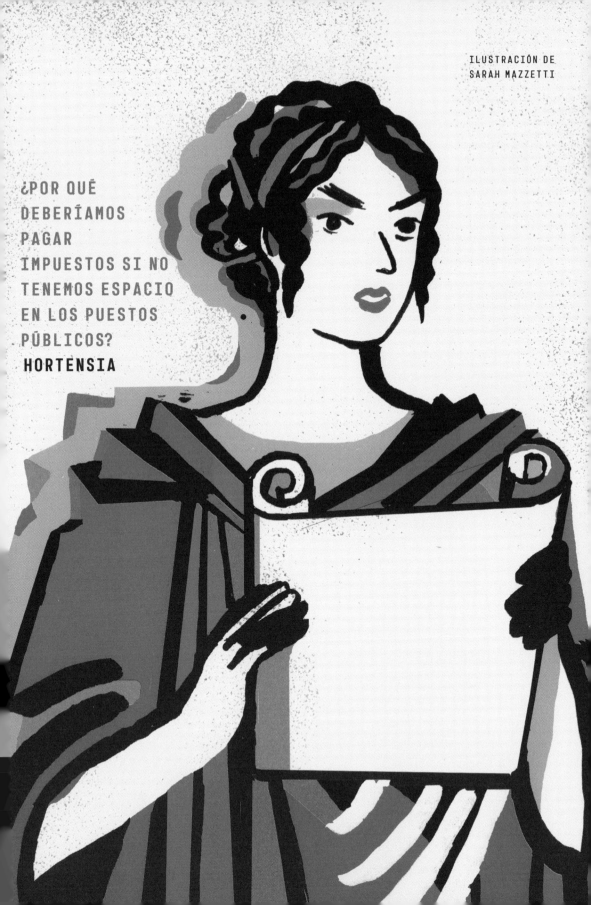

ILUSTRACIÓN DE
SARAH MAZZETTI

¿POR QUÉ
DEBERÍAMOS
PAGAR
IMPUESTOS SI NO
TENEMOS ESPACIO
EN LOS PUESTOS
PÚBLICOS?
HORTENSIA

ISADORA DUNCAN
BAILARINA

Había una vez una niña a la que no le gustaba la escuela. Isadora odiaba tener que sentarse en un pupitre cuando lo que quería era saltar, girar y moverse, expresar con todo su cuerpo la alegría de estar viva. En su interior, la pequeña sabía que había nacido para bailar.

Cuando apenas tenía seis años, Isadora ya se había convertido en maestra de danza. En ese tiempo, todos pensaban que el *ballet* era la forma de danza más hermosa del mundo, pero Isadora no estaba de acuerdo. No le gustaba la elegancia formal del *ballet* clásico. Le parecía «feo y antinatural». Decía:

—Quiero bailar como una ola en el océano o un árbol movido por la brisa. Natural y libre.

A los dieciocho años, Isadora usó sus últimos dólares para comprar un pasaje en un barco que transportaba ganado de América a Europa. Viajó por las grandes ciudades: París, Berlín, Viena y Londres. Se presentó en los escenarios y fundó escuelas de danza sin precedentes.

—En mis escuelas —anunció—, no enseñaré a los niños a imitar mis movimientos, sino a crear los suyos propios.

Al bailar, Isadora usaba vaporosos vestidos blancos y largas bufandas que flotaban detrás de ella; quería que la tela siguiera y mejorara los fluidos movimientos de sus extremidades. Algunas personas la consideraban indecente.

—Las mujeres no deberían ser tan libres y despreocupadas —decían.

Pero ¡a Isadora no le importaba! Se declaró «una bailarina del futuro... la inteligencia más alta en el cuerpo más libre».

CIRCA DEL 27 DE MAYO DE 1877-14 DE SEPTIEMBRE DE 1927
ESTADOS UNIDOS

UNA VEZ FUISTE SALVAJE.
NO DEJES QUE TE DOMEN.
ISADORA DUNCAN

J. K. ROWLING
ESCRITORA

A los seis años, Joanne escribió un cuento sobre un conejo y lo tituló «Conejo». A los once, escribió una novela sobre siete diamantes malditos.

Venía de una familia pobre, y sus padres esperaban que hiciera una buena carrera como abogada o como economista. Pero ella decidió estudiar literatura.

Un día se descubrió en completa bancarrota. Al ser una madre soltera sin trabajo ni dinero, Joanne experimentó el dolor del fracaso sobre el que sus padres siempre le habían advertido. Todo lo que tenía estaba en una maleta, incluidos los primeros tres capítulos de una historia sobre un niño con poderes mágicos. Ese niño se llamaba Harry Potter.

Su manuscrito sobre Harry fue rechazado una y otra vez, pero finalmente un editor lo aceptó. Sólo se imprimieron unos cuantos miles de ejemplares y le pidieron a Joanne que cambiara su nombre por J. K., pues temían que los chicos no quisieran leer un libro escrito por una mujer.

Su agente le dijo que no debería esperar ganar dinero escribiendo, pero por suerte Joanne decidió seguir adelante. La serie de Harry Potter se convirtió en uno de los fenómenos más increíbles en la historia del mundo editorial. Los siete libros han capturado la imaginación de cientos de millones de niños, y adultos, de todo el planeta, y han redefinido el significado de la literatura infantil.

Joanne siempre ha dicho que el fracaso fue crucial para su éxito.

—Si hubiera tenido éxito en otra cosa —explicó—, quizá nunca habría encontrado la determinación para tener éxito en el área a la que realmente sentía que pertenecía.

NACIÓ EL 31 DE JULIO DE 1965
REINO UNIDO

ES IMPOSIBLE VIVIR SIN
FRACASAR EN ALGO,
A NO SER QUE VIVAS
CON TANTO CUIDADO
QUE QUIZÁ NO
HAYAS VIVIDO
REALMENTE.
J. K. ROWLING

ILUSTRACIÓN DE
PAOLA ROLLO

JEANNE BARET

AMA DE LLAVES Y EXPLORADORA

Había una vez un ama de llaves llamada Jeanne que se disfrazó de hombre y navegó por todo el mundo.

Jeanne cuidaba la casa de un naturalista francés de nombre Commerson. Un día, lo invitaron a navegar hacia el Nuevo Mundo en una expedición para buscar e identificar nuevas especies de plantas. Commerson se emocionó, pero tenía mala salud y necesitaba a alguien que lo acompañara en ese largo y extenuante viaje.

En aquel tiempo, las mujeres no tenían permitido ir a bordo de los barcos franceses, así que a Commerson y a Jeanne se les ocurrió un plan: en el último minuto, ella subiría disfrazada como un joven llamado Jean, y Commerson contrataría a ese «desconocido» como su asistente. El plan funcionó, y el capitán incluso les dio su camarote más grande para que tuvieran espacio para todo el equipo que necesitaba Commerson.

Jeanne cuidó bien a Commerson, pero para cuando llegaron a Sudamérica estaba tan enfermo que ella se encargó de colectar y estudiar las plantas. Era imparable. En Río de Janeiro, Brasil, encontró una enredadera de colores vivos que Commerson llamó *Bougainvillea* (buganvilla o bugambilia) en honor del capitán de la nave, Bougainville.

Cuando se descubrió la identidad real de Jeanne, ella y Commerson decidieron dejar el barco y quedarse en Mauricio, una isla en la costa de África. Hicieron otras dos expediciones científicas, a Madagascar y a la isla Borbón, pero luego Commerson murió y Jeanne se quedó varada. Un año después, cuando al fin logró volver a Francia, se había convertido en la primera mujer en la historia en circunnavegar la Tierra.

27 DE JULIO DE 1740-5 DE AGOSTO DE 1807

FRANCIA

ILUSTRACIÓN DE
MARYLOU FAURE

～ JOAN BEAUCHAMP PROCTER ～
ZOÓLOGA

Un día, una niña llamada Joan les pidió a sus padres que le regalaran una mascota.

—No quiero un perrito ni un gatito —dijo—, ¡me encantaría tener una serpiente! Y algunas lagartijas, por favor.

Para cuando cumplió diez años, Joan tenía a su cuidado a muchos reptiles. Uno de ellos, un gran lagarto dálmata, era su favorito; viajaban juntos a todas partes, e incluso comían lado a lado. Cuando creció, Joan llevó a su cocodrilo mascota a la escuela... ¡para gran sorpresa de la maestra!

Estas criaturas fascinaban a Joan, quien se convirtió en una experta mundial en herpetología, la rama de la zoología que estudia a los reptiles y anfibios, y consiguió un trabajo en el Museo Británico de Historia Natural. Un día, el Zoológico de Londres le pidió que diseñara un nuevo hogar para los reptiles: Joan hizo un excelente trabajo y se convirtió en algo así como una celebridad. Las multitudes se reunían para verla tratando con pitones, cocodrilos y enormes dragones de Komodo. Fue nombrada curadora de reptiles.

Un dragón de Komodo hembra de nombre Sumbawa se convirtió en la mascota favorita de Joan. Sumbawa la seguía a todas partes y ella la acariciaba, le daba palmaditas y le servía pollo, pichones y huevos. A veces, «manejaba» al dragón tomándolo por la cola. Joan entendía tan bien a estos animales que sabía cuando estaban enfermos y lo que había que hacer para curarlos.

Sin embargo, sus propios problemas de salud eran más difíciles de curar. Joan tenía un dolor constante desde hacía mucho tiempo. Pero eso no la detuvo de seguir su pasión, aunque significara ir al trabajo en una silla de ruedas, con Sumbawa avanzando lenta pero alegremente detrás de ella.

5 DE AGOSTO DE 1897 - 20 DE SEPTIEMBRE DE 1931
REINO UNIDO

ILUSTRACIÓN DE
MARIJKE BUURLAGE

¿POR QUÉ UNA MUJER
NO DEBERÍA DIRIGIR
UN HERPETARIO?
JOAN BEAUCHAMP PROCTER

JOHANNA NORDBLAD

BUCEADORA BAJO EL HIELO

Había una vez una campeona de buceo libre llamada Johanna. Amaba sumergirse en las profundidades con nada más que su aliento contenido, sin usar tanques de aire. Mientras se sumergía y el lento latido de su corazón resonaba en sus oídos, Johanna sentía como si volara.

Un día, tuvo un terrible accidente. Su pierna quedó tan rota que los doctores consideraron que quizá tendrían que amputarla. La única forma de salvarla era metiéndola en agua helada: era terriblemente doloroso, pero su pierna comenzó a sanar lentamente. Y entonces pasó algo más que nadie esperaba: Johanna comenzó a disfrutar sentir aquella frialdad.

—Sentía que era el único lugar donde podía superar el dolor. En realidad era muy relajante —decía.

Cuando recuperó la fuerza suficiente, Johanna decidió comenzar a nadar bajo el hielo. Incluso se hizo una película de sus increíbles hazañas, donde aparece una figura solitaria arrastrando un trineo hasta la mitad de un lago congelado, dejando un rastro de huellas en la nieve; luego abre un triángulo en el hielo con una sierra y se sienta en el borde. Inhalando profundamente, se lanza al agua negra. A su alrededor se revela un universo distinto: es plateado y de un azul profundo, casi negro, silencioso y hermoso. Johanna nada como una sirena, en paz con el mundo.

De no haber sido por su accidente, quizá Johanna nunca habría descubierto la alegría del buceo bajo el hielo. A veces, como ella misma dice, una maldición es realmente una bendición disfrazada.

NACIÓ EL 11 DE NOVIEMBRE DE 1975
FINLANDIA

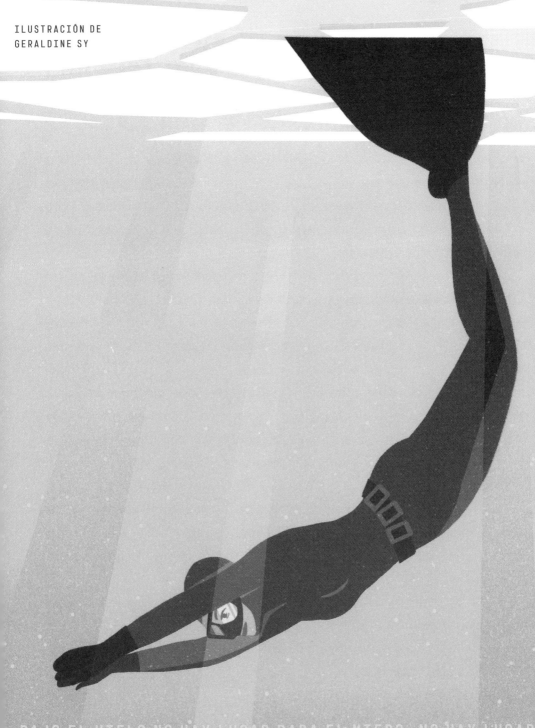

BAJO EL HIELO NO HAY LUGAR PARA EL MIEDO, NO HAY LUGAR
PARA EL PÁNICO, NO HAY LUGAR PARA LOS ERRORES.
JOHANNA NORDBLAD

KATHERINE JOHNSON, DOROTHY VAUGHAN Y MARY JACKSON

CIENTÍFICAS COMPUTACIONALES

Todos los días, Katherine, Dorothy y Mary iban juntas en coche a la NASA, la agencia encargada del programa espacial estadounidense. Las tres eran científicas brillantes, y su trabajo era resolver complejos problemas matemáticos para garantizar que los astronautas pudieran viajar con seguridad por el espacio.

Cuando la NASA compró su primera computadora IBM de transistores, sólo unas cuantas personas en el mundo sabían cómo usarla para los negocios... ¡y nadie sabía cómo usarla para viajar al espacio! Así que Dorothy aprendió sola el lenguaje de programación que la computadora entendía, Fortran, y logró que el sistema funcionara.

Cuando el astronauta John Glenn estaba por despegar en un viaje para orbitar la Tierra, dijo que no confiaba del todo en la computadora y le pidió a Katherine que revisara ella misma los cálculos de la trayectoria.

—Si ella dice que los números son correctos..., estoy listo para despegar —afirmó.

Al presentarse la oportunidad de trabajar en el **Túnel de Presión Supersónico**, Mary se ofreció como voluntaria. Se especializó en el comportamiento del viento alrededor de los aviones, y se convirtió en la primera mujer afroamericana en ser ingeniera aeronáutica.

Katherine, Dorothy y Mary superaron retos increíbles, pero sus contribuciones a la ciencia y la tecnología se desconocieron por muchos años. Hoy son celebradas como tres de las figuras más inspiradoras en la historia de los viajes espaciales.

KATHERINE JOHNSON NACIÓ EL 26 DE AGOSTO DE 1918
DOROTHY VAUGHAN, 20 DE SEPTIEMBRE DE 1910-10 DE NOVIEMBRE DE 2008
MARY JACKSON, 9 DE ABRIL DE 1921-11 DE FEBRERO DE 2005
ESTADOS UNIDOS

ILUSTRACIÓN DE
CRISTINA PORTOLANO

EN LAS MATEMÁTICAS, O TIENES
RAZÓN O ESTÁS EQUIVOCADO.
KATHERINE JOHNSON

KATIA KRAFFT
VULCANÓLOGA

Katia amaba los volcanes. No sólo le gustaba ver fotos de los ríos de lava ardiente..., quería observarlos en la vida real.

En la universidad, Katia conoció a un joven llamado Maurice que tenía tanta pasión por los volcanes como ella. En su primera cita, se dieron cuenta de que tenían el mismo sueño de filmar un volcán haciendo erupción, algo que a nadie se le había ocurrido antes. Katia y Maurice se enamoraron profundamente y planearon su primer viaje a un volcán activo.

A partir de ese momento, quedaron enganchados. Cuando escuchaban que un volcán estaba a punto de hacer erupción, empacaban sus maletas y corrían al lugar tan pronto como podían. Para conseguir las mejores tomas, escalaban hasta el borde del cráter. Usaban cascos y trajes protectores plateados para soportar el calor de la lava fundida, que superaba los mil grados centígrados.

¡El sueño de Katia y Maurice era hacer un viaje en bote sobre una corriente de lava! Sabían que su trabajo era extremadamente peligroso, pero eso no les importaba. Para ellos no había una imagen más hermosa en el mundo que la de un volcán haciendo erupción frente a sus ojos.

Un día, Katia y Maurice se encontraban en la pendiente del monte Unzen, un volcán activo en Japón. Estaban a una distancia segura de la cima, o eso creían. Pero en esa ocasión sus cálculos salieron mal: la explosión fue mucho más grande de lo que nadie había previsto, y lanzó una ardiente nube de gases, rocas y cenizas que descendió por el valle. Katia, Maurice y los miembros de su equipo no tuvieron escapatoria y todos murieron trágicamente.

17 DE ABRIL DE 1942-3 DE JUNIO DE 1991

FRANCIA

ILUSTRACIÓN DE
MARTINA PAUKOVA

LOS VOLCANES
SON TAN PODEROSOS,
TAN HERMOSOS,
QUE TE PUEDES
ENAMORAR DE ELLOS.
KATIA KRAFFT

KHOUDIA DIOP
MODELO

Había una vez una niña cuya piel era tan oscura como la noche. Su nombre era Khoudia y vivía en Senegal. En la escuela, molestaban a Khoudia por el color de su piel; los otros niños le ponían apodos que la herían, y todos los días Khoudia se veía en el espejo esperando que su piel se aclarara al menos un poco.

Entonces, su hermana le mostró fotos de la modelo Alek Wek.

—¡Eres hermosa! —le aseguró—. ¿Ves? ¡Tú también podrías ser modelo!

Un día, Khoudia y su hermana paseaban por una calle en Milán, Italia, cuando pasaron junto a un enorme espejo. Khoudia notó cómo destacaba entre todas las personas de piel clara que la rodeaban.

—Sonreí, ¡y fue como si viera chispas! —dijo sorprendida—. Es por eso que la gente se me queda viendo... ¡porque soy hermosa!

Un par de años después, Khoudia acompañó a París a una tía que necesitaba una cirugía ocular. Ahí la gente la detenía en las calles para tomarle fotos; luego se convirtió en modelo profesional y abrió una cuenta de Instagram bajo el nombre de Diosa de la Melanina.

—En Senegal, muchas niñas tan negras como yo se blanquean la piel porque creen que no son hermosas —explicó—. Pero cada mujer es distinta, y todas somos hermosas a nuestra manera.

Hoy, Khoudia hace campañas para prevenir el *bullying* y está muy orgullosa de que su hermano de once años, quien tiene la piel tan oscura como ella, le haya dicho:

—No me importa lo que digan los otros chicos sobre el color de mi piel. ¡A mí me encanta!

NACIÓ EL 31 DE DICIEMBRE DE 1996
SENEGAL

ILUSTRACIÓN DE
DEBORA GUIDI

SI TIENES LA GRAN SUERTE
DE SER DIFERENTE,
NUNCA CAMBIES.
KHOUDIA DIOP

LAUREN POTTER

ACTRIZ

Lauren fue diagnosticada con **síndrome de Down** el día en que nació. Por su condición no pudo caminar hasta los dos años, pero poco después de dar sus primeros pasos, comenzó con clases de baile y actuación. Le encantaba actuar, y su mamá la animó a seguir su pasión desde muy niña.

Pero en la escuela sus compañeros no la apoyaban tanto. Los *bullies* se burlaban de ella, y hasta la obligaron a comer arena.

—Fue difícil —recordó Lauren—. Me lastimaban.

Con el paso del tiempo, su pasión por la música y el baile sólo se volvió más fuerte. Hizo una audición para ser porrista en su bachillerato, pero no logró entrar al equipo. Un año después, apareció en su camino una oportunidad mucho más grande: la propuesta de interpretar a una porrista en un programa de televisión nacional llamado *Glee*.

De entre las trece chicas que audicionaron para el papel, ¡los productores del programa eligieron a Lauren! El personaje que interpretaba, Becky Jackson, se volvió tan popular que los chicos de su antigua escuela pusieron pósters de ella en las paredes.

—Me alegra que ahora puedan verme como yo siempre me vi a mí misma —dijo Lauren.

Aunque le gustaba mucho ser actriz, también quería ayudar a otras personas con discapacidades. Lauren deseaba que tuvieran la oportunidad de seguir sus sueños como ella lo había hecho. El presidente Barack Obama la invitó a formar parte del Comité Presidencial para las Personas con Discapacidades Intelectuales, y ha protagonizado comerciales contra el *bullying*. Hoy viaja por todo el país pronunciando discursos.

—Se siente increíble ser un modelo para las personas con y sin discapacidades —dice.

NACIÓ EL 10 DE MAYO DE 1990
ESTADOS UNIDOS

SI TIENES UNA DISCAPACIDAD, SIGUE
TRABAJANDO DURO. LO QUE SEA NECESARIO,
¡HAZLO!
LAUREN POTTER

LEYMAH GBOWEE
ACTIVISTA POR LA PAZ

Había una vez en Liberia una mujer que detuvo una guerra.

Su nombre era Leymah y era madre soltera de cuatro hijos. Su país pasaba por una violenta guerra civil: los niños eran reclutados como soldados y cientos de miles de personas morían. Leymah trabajó mucho para ayudar a las personas afectadas por el conflicto.

Un día, la invitaron a una conferencia organizada por la Red de África Occidental para la Construcción de la Paz.

—Mujeres como yo acudieron de casi todos los dieciocho países de África Occidental —recordó Leymah.

En la conferencia, aprendió sobre conflictos y la forma de resolverlos. Las mujeres compartieron sus experiencias y hablaron de lo que la guerra les había quitado. Para Leymah, esto fue revelador: «Nadie más está haciendo esto», pensó. «Enfocarse sólo en las mujeres y en construir la paz».

Leymah se convirtió en líder de un programa llamado la Red de Mujeres para la Construcción de la Paz. A fin de reclutar a otras mujeres, iba a las mezquitas para las plegarias de los viernes por la tarde, a los mercados los sábados por la mañana y a las iglesias cada domingo. Todas las mujeres con las que hablaba estaban hartas de una guerra que ellas nunca quisieron, una guerra que estaba matando a sus hijos.

Leymah y las demás mujeres de su red presionaron a las facciones en guerra para comenzar pláticas de paz. Luego se agruparon frente al hotel donde se llevaban a cabo las negociaciones para exigir que avanzaran con rapidez. Incluso bloquearon la salida del hotel para evitar que los negociadores se fueran antes de llegar a un acuerdo.

Cuando la guerra civil de Liberia terminó, a Leymah le concedieron el Premio Nobel de la Paz.

—Cuando las mujeres se unen —dijo—, suceden grandes cosas.

NACIÓ EL 1 DE FEBRERO DE 1972
LIBERIA

ILUSTRACIÓN DE
THANDIWE TSHABALALA

DEBEMOS SEGUIR UNIÉNDONOS EN SORORIDAD
PARA CONVERTIR NUESTRAS LÁGRIMAS EN TRIUNFOS.
LEYMAH GBOWEE

LILIAN BLAND

AVIADORA

La primera vez que Lilian voló en un avión fue con su novio, quien la llevó en su planeador, pero cuando le preguntó si podía pilotarlo, le dijo que no y Lilian se enojó mucho.

Poco después, su tío Robert le envió una postal del monoplano de Blériot volando sobre París, y Lilian quedó maravillada. Inmediatamente le pidió que la ayudara a conseguir pilotar ese avión. Pero su tío también dijo que no.

«Bueno, tendré que hacerlo sola», pensó Lilian. Pero en ese tiempo no era fácil encontrar un avión en Irlanda. «No hay problema», se dijo. «Construiré uno».

Lilian leyó todo lo que pudo encontrar de los hermanos Wright y otros famosos aviadores sobre cómo armar un avión. Logró construir exitosamente un biplano, es decir, una aeronave con dos pares de alas, que era capaz de volar, y luego comenzó un planeador de tamaño real, igual al que su novio no la había dejado pilotar.

Llamó a su planeador *Mayfly*, que en inglés significa «podría volar», porque, como ella decía, «Podría volar, [o] ¡podría no volar!».

Lilian le puso un motor al *Mayfly* y buscó un terreno bien nivelado para usarlo como pista. No podía esperar a ver si su planeador despegaría del suelo. El único problema era que el avión no tenía tanque para el combustible. «No importa», pensó. «Usaré un botellón vacío». Eso hizo, y el avión voló como por diez segundos.

El *Mayfly*, diseñado, construido y pilotado por la increíble y creativa Lilian Bland, fue la primera aeronave con motor en Irlanda.

22 DE SEPTIEMBRE DE 1878-11 DE MAYO DE 1971

REINO UNIDO

ILUSTRACIÓN DE
NOA SNIR

¡HE VOLADO!
LILIAN BLAND

LORENA OCHOA
GOLFISTA

Había una vez una niña que se cayó de un árbol y se rompió ambas muñecas. Sus brazos estuvieron enyesados desde las puntas de los dedos hasta los hombros durante tres meses. Cuando le quitaron los yesos, sus huesos ya habían sanado por completo.

—No es un milagro —dijo el doctor con una sonrisa—. Es que le puse magia a los yesos.

Lorena vivía en Guadalajara, México. Su casa estaba cerca de un club campestre que tenía un campo de golf. A veces, acompañaba a su papá cuando iba a hacer algún recorrido de golf en sus días libres.

Al principio, solamente lo ayudaba a manejar el carrito, pero con el tiempo ella también comenzó a jugar. De inmediato fue claro que, estuviera involucrado el doctor o no, había algo de magia en Lorena.

A los siete años, comenzó a competir en torneos de golf y a ganar. También jugaba tenis ¡y era muy buena! Pero cuando ganó el Campeonato Mundial Junior en San Diego, California, decidió enfocarse en el golf.

Lorena era pequeña pero fuerte, y se convirtió en la mejor golfista del mundo. Sus fans la observaban maravillados cuando lograba *drives* más largos que cualquier otra persona. Pero sus mejores movimientos eran los tiros cortos, pues la magia de sus muñecas la hacía increíblemente precisa.

Se le empezó a conocer como la Tigresa.

Pero Lorena no se conformó con ser solamente campeona mundial de golf. Además, abrió una fundación que dirige una innovadora escuela llamada La Barranca, donde doscientos cincuenta niños de bajos recursos pueden recibir una excelente educación y también divertirse al aire libre... ¡jugando golf, claro!

NACIÓ EL 15 DE NOVIEMBRE DE 1981

MÉXICO

ILUSTRACIÓN DE
CAMILLA PERKINS

HAGO MUCHOS TIROS MALOS, PERO DEBES
OLVIDARTE DE ESO Y SEGUIR ADELANTE.

LORENA OCHOA

LOWRI MORGAN

CORREDORA DE ULTRAMARATÓN

Había una vez una niña que se llamaba Lowri y amaba cantar. Soñaba con ser cantante profesional. Pero la vida había decidido tener otros planes para esa pequeña, planes que la llevarían muy, muy lejos de las colinas del sur de Gales donde nació. Lowri se convirtió en una corredora de ultramaratón, o sea, una persona que compite en carreras de grandes distancias en condiciones sumamente extremas.

Un día, mientras corría por la selva del Amazonas, y estaba lo suficientemente cansada y empapada en sudor, se preguntó cómo habría sido su vida si hubiera decidido ser cantante. «Sin duda mucho más fácil», pensó. Estaba participando en el Maratón de la Selva, una de las carreras más difíciles del planeta. Había serpientes en los árboles y jaguares en el suelo. Fue atacada por avispas enfurecidas ¡y tuvo que nadar por un río lleno de pirañas! Fue aterrador, pero siguió adelante. Ella no estaba dispuesta a rendirse.

Tras haber estado en uno de los lugares más calurosos del mundo, Lowri se aventuró a correr en uno de los más fríos: el Ártico. Tenía tanto frío y estaba tan cansada, que en esa carrera su mente comenzó a hacerle malas jugadas.

—Vi una banca en el hielo y pensé: «¡Qué bien! Puedo sentarme», pero, por supuesto, no estaba realmente ahí.

Justo cuando sintió que no podría continuar, pasó algo mágico: escuchó la voz de su madre. «La gloria no es no haber caído», le dijo, «sino levantarnos cuando nos caemos». Lowri se levantó y siguió adelante sobre la nieve y el hielo, entre renos y osos polares, hasta que llegó a la meta en tiempo récord.

NACIÓ EN 1975
REINO UNIDO

ILUSTRACIÓN DE
SARAH WILKINS

ME ENCANTA BAJAR LA MIRADA
HACIA LAS FALDAS DE LA MONTAÑA
Y PENSAR: «VAYA, NO PUEDO CREER
LO LEJOS QUE HE LLEGADO».
LOWRI MORGAN

LUO DENGPING

ESCALADORA EXTREMA

Había una vez una niña llamada Luo que amaba escalar. Vivía en Guizhou, un lugar espectacular al sur de China, con enormes formaciones rocosas, espesas selvas verdes y campos aterrazados en las colinas.

Los hombres del pueblo de Luo tenían una tradición única: subían y bajaban por los aterradores peñascos sin equipo para escalar, sin redes de seguridad y nada más que sus manos, para recoger hierbas medicinales y recolectar desechos de golondrinas para usarlos como fertilizante. Eran tan ágiles y rápidos que la gente los llamaba los Hombres Araña. El padre de Luo era uno de ellos. De niña, Luo solía verlo escalar ágilmente de una cornisa a otra, a decenas de metros de altura. «Un día haré eso», pensaba Luo para sí.

Cuando cumplió quince años, comenzó a practicar en pequeñas pendientes. Era la única mujer escaladora en Guizhou, y al principio nadie quería entrenarla, pero con el tiempo convenció a su padre para que le enseñara todo lo que sabía, y pronto estaba escalando tan alto y rápido como cualquiera de los Hombres Araña. Era fuerte, valiente y extremadamente buena para encontrar grietas en la superficie de roca de las cuales sostenerse.

Actualmente, Luo es escaladora profesional. A los turistas les encanta ver sus hazañas, que desafían a la muerte. Sus manos son ásperas y callosas por el contacto con las rocas, y a ella le encanta lo que hace.

—Cuando llego a la cumbre, ondeo la bandera roja —dice—. Es una sensación fantástica, ¡como si estuviera en la cima del mundo!

Todos en su pueblo están orgullosos de Luo, su Mujer Araña.

NACIÓ EN 1980

CHINA

QUERÍA SER UNA MUJER
ARAÑA. ASÍ QUE LE PEDÍ A MI
PADRE QUE ME ENTRENARA.
LUO DENGPING

MADAME SAQUI

ACRÓBATA

Durante la Revolución francesa, había una niña pequeña y robusta que soñaba con caminar sobre la cuerda floja. El padre de Marguerite había sido acróbata, pero durante la revolución nadie tenía dinero para los actores de circo, así que puso un puesto de remedios caseros y esperaba que su hija olvidara sus sueños.

Pero Marguerite estaba decidida.

Buscó a un viejo amigo de la familia, de cuando su papá estaba en el circo, y le rogó que la entrenara en secreto. ¡Marguerite era fantástica! Hizo su debut a los once años. El público ahogó un grito cuando la vio bailar en la cuerda sobre sus cabezas. ¡Qué equilibrio más increíble! ¡Qué agilidad! ¡Qué fuerza! Fue un éxito instantáneo.

Su familia formó una compañía circense en la que Marguerite era la estrella, y se presentaron por toda Francia. A los dieciocho años, conoció a un gran acróbata llamado Julian Saqui. Se enamoraron y se casaron, y Marguerite eligió convertirse en Madame Saqui.

Madame Saqui sabía que estaba destinada a cosas grandes. En la cima de su carrera, se presentó en los famosos Jardines de Tívoli en París caminando por una cuerda inclinada mientras los fuegos artificiales estallaban a su alrededor. Incluso Napoleón, el emperador de Francia, quedó cautivado, y ella preparó un espectáculo para celebrar su victoria en combate.

Su hazaña más intrépida fue caminar sobre una cuerda entre las torres de la catedral de Notre Dame, a decenas de metros de altura. Se convirtió en una estrella deslumbrante en el cielo de París, y sus actuaciones se recuerdan aún hoy como extraordinarias demostraciones de valor y talento.

26 DE FEBRERO DE 1786-21 DE ENERO DE 1866

FRANCIA

ILUSTRACIÓN DE
LAURA JUNGER

MADONNA

CANTANTE, COMPOSITORA Y EMPRESARIA

Una vez nació una estrella en un pequeño pueblo dividido por un río. Su nombre era Madonna. Era inteligente y sacaba altas calificaciones en la escuela, pero siempre supo que era un tanto distinta. Sobre todo, Madonna sabía exactamente lo que quería y no iba a permitir que nadie cambiara sus sueños. Algunas personas se sentían intimidadas por su fuerza y su claridad de pensamiento, pero ella no dejó que la detuvieran.

A los veinte años, se mudó a Nueva York con sólo treinta y cinco dólares en el bolsillo. Era la primera vez que tomaba un avión... iy la primera que se subía a un taxi!

—Es lo más valiente que he hecho en mi vida —dijo tiempo después.

Madonna trabajó como cantante en clubes y como mesera en cafés. Trabajó duro. Probaba, fracasaba y lo volvía a intentar, varias veces.

En aquellos tiempos, era muy raro que las artistas fueran dueñas de su propio destino: por lo general dejaban que los hombres (sus mánagers, productores y agentes) tomaran la mayoría de las decisiones. Pero Madonna no.

—Soy mi propio experimento —dijo—. Soy mi propia obra de arte.

A través de su música, Madonna inspiró a cientos de millones de personas a ser fieles a sí mismas y enorgullecerse de quienes eran, aun en la adversidad.

—He sido popular e impopular, exitosa y fracasada, amada y odiada, y sé lo poco que significa todo eso. Por eso me siento libre de tomar cualquier riesgo —explicó.

Su enorme talento, su tremenda disciplina y su fiera determinación la han convertido en una de las artistas pop más influyentes de la historia.

NACIÓ EL 16 DE AGOSTO DE 1958
ESTADOS UNIDOS

TENGO LA MISMA META QUE HE TENIDO
DESDE NIÑA: QUIERO GOBERNAR EL MUNDO.
MADONNA

LAS MAMBAS NEGRAS

VIGILANTES

Un día, un vigilante llamado Craig organizó un equipo de puras mujeres vigilantes para detener a los cazadores furtivos de la sabana sudafricana. Las llamó las Mambas Negras.

Reclutó a chicas de las comunidades que rodeaban la reserva natural y que hubieran terminado sus estudios de bachillerato.

—Es importante proteger a los rinocerontes —les explicó—, para que las futuras generaciones puedan verlos de verdad ¡y no sólo en pósters! Luego les dio uniformes y organizó un programa de entrenamiento.

Las Mambas Negras aprendieron a sobrevivir en la sabana, a localizar trampas para animales y a saber qué hacer si encontraban leones, elefantes, búfalos y hienas. Aprendieron a rastrear a los cazadores furtivos y a patrullar la alambrada de la reserva... armadas sólo con espray pimienta y esposas.

—Esta guerra contra la caza ilegal es más grande que las armas y las balas —declaró Nomutu Magakene, una de las Mambas—. Somos los ojos y los oídos de las reservas. Hacemos las cosas de forma distinta.

Las Mambas Negras se enorgullecen mucho de su trabajo. Hablan con la gente sobre la importancia de los rinocerontes en sus comunidades, y de lo afortunados que son por vivir en uno de los países con mayor biodiversidad del mundo. Dan conferencias en las escuelas y les enseñan a los niños por qué está mal cooperar con los cazadores furtivos y poner trampas en la reserva.

Se han convertido en heroínas.

—Ser una Mamba Negra significa ser una mujer fuerte y ruda —dijo Nomutu—, una mujer que puede trabajar sin miedo entre los arbustos.

Sólo se necesitó un año de patrullajes de las Mambas Negras para que las trampas desaparecieran casi completamente y las muertes de rinocerontes se acabaran por completo.

COMENZARON EN 2007
SUDÁFRICA

ILUSTRACIÒN DE
ALICE BENIERO

LUCHAMOS POR NUESTROS ANIMALES
Y PARA MOSTRAR A LA GENTE QUE
LAS MUJERES PODEMOS SER
HERMOSAS Y FUERTES.
LEITAH

MARIE THARP

GEÓLOGA

Marie quería estudiar la corteza terrestre, así que hizo una maestría en geología en la Universidad de Michigan.

Hoy sabemos que hace millones de años casi toda la superficie terrestre estaba unida en un supercontinente llamado Pangea, rodeado por un superocéano llamado Panthalassa. Pero, en la época de Marie, esto sólo era una teoría basada en la sencilla observación de que las costas de Sudamérica y África parecen piezas de un rompecabezas gigante que encajan entre sí. Hoy hay enormes océanos entre los continentes, así que para demostrar que esas tierras tan distantes una vez estuvieron unidas, se tenía que mapear el suelo del océano.

La gente suponía que el fondo del océano era plano, y esta idea no se rebatió hasta que los geólogos comenzaron a usar sonares en los barcos. El sonar hacía rebotar ondas de sonido contra el fondo del océano, y Marie tenía que interpretar esas lecturas. Hizo cuentas, tomó medidas a mano y se convirtió en la primera persona en hacer un mapa del suelo marítimo del Atlántico Norte con sus montañas y valles.

—El mundo se abrió frente a mí —recordó.

Marie descubrió que en el fondo del océano Atlántico había una grieta increíblemente profunda, parecida al Gran Valle del Rift en África, iy esta formaba parte de un sistema que rodeaba todo el planeta!

Con esto mostró que el suelo marítimo se estaba separando, lo cual significaba que los continentes se iban alejando uno del otro. Esto a su vez demostraba que estuvieron unidos millones de años atrás, cuando la Tierra era joven.

30 DE JULIO DE 1920-23 DE AGOSTO DE 2006
ESTADOS UNIDOS

ILUSTRACIÓN DE
BARBARA DZIADOSZ

TENÍA UN FASCINANTE
ROMPECABEZAS
PARA ARMAR.
MARIE THARP

MARINA ABRAMOVIĆ

ARTISTA DE *PERFORMANCE*

Había una vez una mujer con un largo vestido rojo que se sentó en silencio ante una mesa de madera. Se llamaba Marina y era una artista famosa en todo el mundo.

Marina estaba en una habitación totalmente blanca dentro del Museo de Arte Moderno de Nueva York. Había decidido que permanecería ahí sentada siete horas al día durante cien días. Al otro lado de la mesa estaba una silla vacía. Cualquiera que lo deseara, podía sentarse frente a ella; siempre y cuando permaneciera en silencio y la mirara a los ojos, podía quedarse ahí el tiempo que quisiera.

La idea de Marina era sencilla y a la vez innovadora. Miles de personas hicieron fila durante horas para sentarse con ella y estar en su presencia, o incluso sólo para verlos a ella y a alguien más mirándose.

Mucha gente se conmovió hasta las lágrimas por la obra de Marina. No siempre nos tomamos el tiempo para sentarnos y mirarnos, sin decir nada. No siempre nos sentimos realmente «vistos» por otra persona.

Medio millón de personas visitaron el espectáculo, todo un récord. Marina era artista desde hacía cuarenta años y no todos sus *performances* fueron tan exitosos como *La artista está presente*, pero nunca dejó de experimentar, nunca dejó que el miedo se le interpusiera.

—Si experimentas, tendrás que fallar —explicó—. Por definición, *experimentar* significa ir a un territorio donde no has estado nunca, donde el fracaso es muy posible. ¿Cómo puedes saber si tendrás éxito? Tener el valor de enfrentar lo desconocido es muy importante.

NACIÓ EL 30 DE NOVIEMBRE DE 1946
SERBIA

ILUSTRACIÓN DE
LIZZY STEWART

LO MÁS DIFÍCIL DE HACER
ES ALGO QUE ESTÁ MUY
CERCA DE SER NADA.
MARINA ABRAMOVIĆ

MARTA VIEIRA DA SILVA

FUTBOLISTA

A Marta le encantaba jugar futbol, y siempre era la primera en ser elegida por los chicos cuando armaban equipos. Su mamá no podía pagar sus estudios, así que Marta solía vender fruta en el mercado para ayudar a su familia. En su tiempo libre, jugaba futbol en las calles.

Un día, cuando Marta tenía catorce años, una famosa entrenadora de futbol la vio jugando con un grupo de chicos: su velocidad, su gran control y su potente zurda la impresionaron. En ese momento supo que Marta se convertiría en una campeona y la ayudó a unirse al club de futbol Vasco da Gama.

Pese a su talento, Marta no tuvo una carrera fácil en Brasil, pues el futbol se sigue considerando un juego de hombres y no se invierte mucho en los equipos de mujeres. A los diecisiete años, Marta decidió aceptar una oferta y trasladarse a Suecia. Ahí ganó varios títulos de liga y un récord de cinco premios consecutivos de la FIFA, el organismo rector de todas las federaciones de futbol, como Jugadora Mundial del Año.

Los ágiles movimientos de sus pies y sus goles apasionantes le ganaron el apodo *Pelé de saias* (Pelé con faldas) en honor al mejor jugador de todos los tiempos, pero ella no le prestaba mucha atención a eso. Fue capitana del equipo nacional de Brasil y, vistiendo su característica camiseta amarilla con el número 10, lo llevó a ganar dos medallas de plata en los Juegos Olímpicos.

Marta fue nombrada Embajadora de Buena Voluntad de las Naciones Unidas por su papel en la promoción de la equidad en el deporte.

—Me enorgullece saber que niñas y niños me ven como un ejemplo —dijo.

NACIÓ EL 19 DE FEBRERO DE 1986

BRASIL

ILUSTRACIÓN DE
ANNALISA VENTURA

ME DECÍAN «MUJER MACHO».
ESO ME MOTIVÓ.
MARTA VIEIRA DA SILVA

MARY FIELDS
REPARTIDORA DE CORREO

Mary era una mujer increíblemente fuerte.

Cuando una amiga suya que era monja enfermó, Mary fue de inmediato al convento para cuidarla. La madre Amadeus se recuperó, pero Mary se quedó para ayudarla: cuidó cuatrocientas gallinas y condujo una diligencia para transportar visitantes desde y hacia el convento.

Una noche, los lobos atacaron la diligencia. Mary se enfrentó a ellos durante toda la noche, y en la mañana logró volver al convento sana y salva.

Mary la Cochera, como le decían, pasó diez años trabajando en el convento, pero cuando un hombre se quejó porque ella ganaba dos dólares más que él al mes, Mary se enojó y tomó su arma. Hubo un tiroteo: detrás del convento se vaciaron seis armas y el hombre quedó herido. El obispo despidió a Mary y al tipo le dio un aumento.

Luego, Mary abrió un restaurante, pero como alimentaba a todo el mundo, pudiera pagar o no, en unos cuantos meses quedó en bancarrota. A los sesenta años, se ofreció para repartir el correo. Consiguió el trabajo porque fue la persona más rápida en aparejar un equipo de seis caballos. Fue la segunda mujer y la primera afroamericana en trabajar para el Servicio Postal de Estados Unidos.

Mary no faltó a un solo día de trabajo. Lloviera o relampagueara, ella estaba en su diligencia entregando el correo hasta en los lugares más remotos de Montana. En su tiempo libre, cuidaba niños y gastaba todo su dinero en comprarles regalos.

CIRCA 1832
ESTADOS UNIDOS

ILUSTRACIÓN DE
JÚLIA SARDÀ

PUEDO TUMBAR A UN VAQUERO TRAS OTRO
CON UN SOLO GOLPE.
MARY FIELDS

MARY KINGSLEY
EXPLORADORA

Había una vez una niña llamada Mary cuyo hermano iba a la escuela; ella no, porque su familia quería que se encargara de la casa. Lo único que le enseñaron a Mary fue alemán: su padre quería que le tradujera algunos libros científicos. Ella pasó incontables horas en la biblioteca. Los libros sobre viajes a tierras lejanas eran sus favoritos.

Cuando sus padres murieron, Mary finalmente tuvo tiempo para hacer lo que quería con su vida. Decidió viajar al lugar más mágico y desconocido que se le ocurrió: África Occidental. Sus amigos y su familia le recomendaron no hacerlo.

—Es peligroso —decían—. Una mujer no puede viajar sola hasta allá. ¿Y por qué querrías ir a África?

Mary no los escuchó y de cualquier modo fue. Viajó de pueblo en pueblo por toda África Occidental. Recorrió en canoa el río Ogowe y fue la primera mujer en escalar el monte Camerún. Sabía que era considerada una rareza al ser una mujer blanca (y a veces la primera persona blanca que los lugareños habían visto en su vida), pero ella quería ser parte de la comunidad, no sólo una observadora científica, así que comenzó a intercambiar telas por hule. Registró información sobre la geografía de África Occidental y coleccionó muestras de **flora y fauna** de un área que era casi desconocida para los europeos en ese tiempo.

Mary llevó una vida de aventura, exploró la complejidad de las culturas africanas y contradijo muchos estereotipos racistas que otros exploradores habían difundido.

13 DE OCTUBRE DE 1862-3 DE JUNIO DE 1900
REINO UNIDO

ILUSTRACIÓN DE
ALICE BENIERO

LOS SOMBRÍOS Y ENORMES BOSQUES AFRICANOS
SON COMO UNA GRAN BIBLIOTECA. AHORA ESTOY
OCUPADA APRENDIENDO EL ALFABETO DE SU LENGUAJE.
MARY KINGSLEY

MARY SEACOLE

ENFERMERA

Había una vez una niñita llamada Mary que era muy buena curando a sus muñecas. Si una tenía fiebre, Mary le ponía una toalla mojada sobre la frente; si a otra le dolía el estómago, ella hacía como que le daba un té caliente.

La mamá de Mary había aprendido el antiguo arte africano de utilizar hierbas para hacer medicinas, y curaba muchas enfermedades en Kingston, Jamaica, la población donde vivían. Para cuando cumplió doce años, ¡Mary ya estaba ayudándola a curar a gente de verdad!

Cuando creció, Mary comenzó a viajar, lo cual era muy poco común para las mujeres entonces. Fue a las Bahamas, Haití y Cuba para descubrir cómo usaban ahí las hierbas para tratar a los enfermos. En Panamá, arriesgó la vida para ayudar a las enfermeras y a los doctores locales a curar pacientes durante una epidemia de cólera.

Cuando la guerra de Crimea estalló, Mary viajó a Londres para preguntar si el ejército británico necesitaba ayuda en el frente. El ejército le dijo que no porque no confiaban en las mujeres que practicaban la medicina, así que Mary fue a Crimea sola y abrió el Hotel Británico, un lugar donde los soldados heridos podían ir a recuperar las fuerzas antes de emprender el largo viaje de regreso a casa.

Con dos mulas, Mary iba directo a la línea de batalla para llevar medicinas y comida a los soldados. Para ella, cualquier soldado herido era un ser humano herido: no se fijaba en los uniformes y atendía a los hombres de ambas facciones, muchas veces mientras las balas zumbaban y los cañones rugían a su alrededor.

Cuando volvió a casa, Mary escribió un exitoso libro llamado *Las maravillosas aventuras de la señora Seacole en muchas tierras*.

23 DE NOVIEMBRE DE 1805-14 DE MAYO DE 1881

JAMAICA

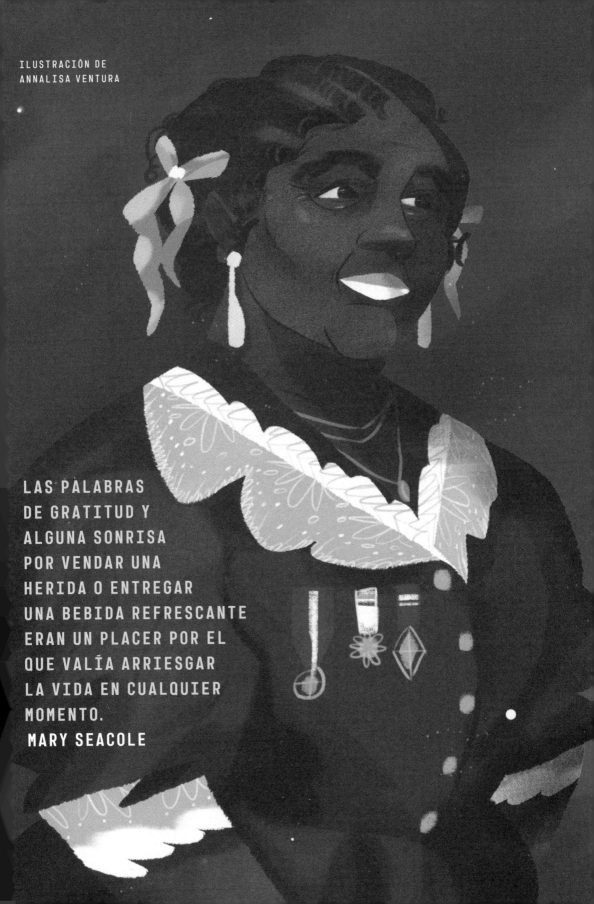

ILUSTRACIÓN DE
ANNALISA VENTURA

LAS PALABRAS
DE GRATITUD Y
ALGUNA SONRISA
POR VENDAR UNA
HERIDA O ENTREGAR
UNA BEBIDA REFRESCANTE
ERAN UN PLACER POR EL
QUE VALÍA ARRIESGAR
LA VIDA EN CUALQUIER
MOMENTO.
MARY SEACOLE

MARY SHELLEY

ESCRITORA

Había una vez una niña llamada Mary cuya madre murió cuando ella era apenas una bebé. Su madrastra no era buena con ella, y Mary añoraba tremendamente tener una mamá. Pero encontró consuelo en la enorme biblioteca que tenían en casa. Todos los días tomaba un libro distinto e iba a la tumba de su madre a leerlo.

Los libros la transportaban a un lugar lejos de casa, donde se sentía sola y desdichada. A raíz de eso, Mary comenzó a escribir sus propias historias y poemas.

Un día conoció a un joven poeta llamado Percy. Tuvieron su primera cita junto a la tumba de la mamá de Mary y se enamoraron profundamente. Huyeron a París para estar juntos.

Mientras viajaban por Europa, hicieron grandes amistades con otros artistas y escritores. Una oscura noche de tormenta, Mary, Percy y unos cuantos amigos más comenzaron a contarse historias de terror. Después de un rato, uno de ellos tuvo una gran idea: propuso que todos fueran a sus habitaciones y escribieran historias de fantasmas para luego leerlas y ver cuál era la más aterradora.

Esa noche, a Mary se le ocurrió la historia de un científico loco que construía un monstruo con partes de cadáveres que cobraba vida por medio de la electricidad. Todos estuvieron de acuerdo: el relato de Mary acerca del doctor Victor Frankenstein era el más espeluznante.

Su novela se convirtió en un increíble éxito, y doscientos años después, la gente aún disfruta leer sobre el doctor Frankenstein y el terrorífico monstruo que creó, todo imaginado por la asombrosamente creativa Mary Shelley.

30 DE AGOSTO DE 1797-1 DE FEBRERO DE 1851

REINO UNIDO

ILUSTRACIÓN DE
ELISABETTA STOINICH

CUIDADO, PORQUE NO TENGO MIEDO
Y, POR TANTO, SOY PODEROSA.
MARY SHELLEY

MARYAM MIRZAKHANI
MATEMÁTICA

A Maryam no le interesaron las matemáticas hasta el día en que su hermano le planteó un problema genial: «¿Cómo sumas todos los números del 1 al 100?».

Él le explicó que había dos formas de obtener la respuesta: una larga y aburrida, y una corta y hermosa que un matemático llamado Carl Friedrich Gauss descubrió cuando estaba en la primaria.

Gauss tomó todos los números y los sumó por pares: el primero y el último, el segundo y el penúltimo, y así en adelante. Notó que $1 + 100 = 101$, $2 + 99 = 101$, $3 + 98 = 101$, etc., y así pudo concluir que el total serían cincuenta tandas de 101, que dan 5050. ¡Fácil!

Maryam quedó enganchada.

En el bachillerato, compitió en la Olimpiada Matemática Internacional, y ganó la medalla de oro dos años consecutivos. Se interesó luego en la geometría de las superficies complejas.

—Todos saben que el camino más corto entre dos puntos en una superficie plana es una línea recta, pero ¿qué pasa cuando la superficie es curva, como en una dona o una tetera? —preguntó. Maryam se deleitaba encontrando soluciones sencillas y elegantes para estos complicados problemas—. ¡Entre más tiempo paso haciendo matemáticas, más me emocionan!

Un día su teléfono sonó.

—Ganaste la Medalla Fields —dijo una voz al otro lado de la línea.

Maryam colgó pensando que era una broma. Pero ¡no lo era! Ella fue la primera iraní, y la primera mujer en la historia, en ganar el premio más prestigioso en matemáticas.

3 DE MAYO DE 1977-14 DE JULIO DE 2017

IRÁN

LA BELLEZA DE LAS MATEMÁTICAS
SÓLO SE MUESTRA A SUS
SEGUIDORES MÁS PACIENTES.
MARYAM MIRZAKHANI

MATA HARI
ESPÍA

Había una vez una joven llamada Margaretha que vio un anuncio en un periódico. Decía: «Se busca esposa». Ella respondió al anuncio, se casó con un capitán militar con base en las Indias Orientales Neerlandesas y se mudó a Indonesia. Ahí aprendió las tradiciones locales y se unió a una compañía de danza.

Pero su matrimonio era infeliz, y cuando este terminó, Margaretha se fue a París. En ese tiempo, cualquier cosa del «enigmático Oriente» estaba de moda, así que fingió que era una bailarina de los templos hindúes. Se envolvía con velos e incluso se puso un nombre artístico: Mata Hari, que significaba «ojo del día» en el idioma malayo.

Mata Hari bailaba con la gracia de un animal salvaje. Usaba trajes reveladores, un brasier adornado con joyas y medias color piel. ¡Y se convirtió en un éxito instantáneo!

Cuando cumplió cuarenta años, se enamoró de un joven capitán del ejército ruso que había perdido un ojo en el frente durante la Primera Guerra Mundial. Para apoyarlo, debía conseguir un nuevo trabajo, así que se convirtió en espía para Francia.

Viajó por Europa en tren y barco. Se pintó el cabello y cambió su peinado muchas veces, y con el tiempo se volvió una artista del disfraz. Descubrió submarinos alemanes en la costa de Marruecos y envió la información a Francia en cartas escritas con tinta invisible.

Pero los franceses sospechaban erróneamente que también espiaba para los alemanes y la arrestaron por considerarla una agente doble. Fue sentenciada a muerte. De pie frente al pelotón de fusilamiento, les mandó un beso a los soldados. Mata Hari murió como vivió: libre y sin miedo.

7 DE AGOSTO DE 1876-15 DE OCTUBRE DE 1917
PAÍSES BAJOS

ILUSTRACIÓN DE
MONICA GARWOOD

NO ERA FELIZ EN CASA,
QUERÍA VIVIR LA VIDA
COMO UNA COLORIDA
MARIPOSA BAJO EL SOL.
MATA HARI

MATILDA DE CANOSSA

SEÑORA FEUDAL

Hace mucho, en un lejano tiempo de reyes, papas y castillos, había una mujer tan poderosa que todos querían ser sus amigos. Su nombre era Matilda.

Matilda gobernaba un enorme reino que se extendía por negros bosques y verdes lagos, montañas blancas y playas doradas. Vivía en Italia en una época llamada Edad Media, en la que los dos poderes más grandes eran la Iglesia Católica Romana y el Sacro Imperio Romano. La cabeza del Sacro Imperio Romano era Enrique IV, primo de Matilda. La cabeza de la Iglesia católica era el papa Gregorio VII, amigo de Matilda.

Un día, Enrique se dio cuenta de que Gregorio se estaba volviendo demasiado poderoso, así que anunció que la gente del Sacro Imperio Romano ya no debía ser leal al papa. Enfurecido, Gregorio reunió un enorme ejército para enfrentarlo.

Enrique le pidió ayuda a Matilda. Ella también tenía un poderoso ejército y bien podría haber apoyado a su primo en esa empresa, pero se negó.

—Sólo te ayudaré a obtener el perdón del papa —dijo.

Arregló una reunión entre los dos hombres en su magnífico castillo en Canossa, al norte de Italia. Era invierno, y el bosque que rodeaba a su castillo estaba cubierto de nieve.

Enrique pasó tres días y tres noches de rodillas y sin zapatos sobre la nieve para mostrar su arrepentimiento. Cuando finalmente le permitieron entrar al castillo, el papa lo perdonó. Pero la tregua no duró mucho tiempo.

La batalla entre el Sacro Imperio Romano y la Iglesia católica apenas comenzaba, y Matilda tuvo que liderar varias expediciones militares contra el ejército del emperador para proteger al papa. Tras veinte años de batallas, fue coronada como vicaria imperial y virreina de Italia.

MARZO DE 1046-24 DE JULIO DE 1115
ITALIA

MERRITT MOORE
FÍSICA CUÁNTICA Y BAILARINA

Había una vez una niña que amaba la ciencia y el *ballet*. Era muy talentosa en ambos, pero todos le decían:

—Tendrás que elegir. ¿Ciencia o arte? ¿Física o *ballet*?

Merritt trató de renunciar al *ballet* muchas veces. ¡Hasta quemó sus zapatillas! Pero siempre volvía a bailar. Más adelante se unió a la Compañía de *Ballet* de Zúrich y se convirtió en bailarina profesional. Al mismo tiempo, hacía investigaciones de Física en la Universidad de Harvard. Un minuto estaba vestida con su tutú y zapatillas, y al siguiente con una bata de laboratorio.

Era difícil.

—A veces me sentía abrumada —dijo—. Estaba en el laboratorio veinte horas al día, incluso dormía ahí. Pero sabía que tenía que bailar.

Se tomaba un descanso del trabajo, salía a una escalera y practicaba *ballet* ahí. Cuando lo hacía, notaba que al volver al laboratorio tenía una perspectiva fresca, y descubrió que la física a su vez la ayudaba a entender la danza.

—Creo que es muy importante para los científicos explorar el arte. Tienes que pensar en los conceptos con imaginación y creatividad.

Las dos partes de su vida se unieron hermosamente en una pieza de danza llamada *Punto cero* que exploraba un concepto de **física cuántica** llamado **energía del punto cero**.

Hoy, Merritt está terminando su doctorado en la Universidad de Oxford, y aún sigue bailando. Su cita favorita es de uno de los más grandes científicos de la historia, Albert Einstein: «La vida es como andar en bicicleta. Para mantener el equilibrio debes seguir moviéndote». ¡Y eso es justo lo que Merritt planea hacer!

NACIÓ EL 24 DE FEBRERO DE 1988

ESTADOS UNIDOS

ILUSTRACIÓN DE
MARINA MUUN

QUIERO DESTRUIR TODOS LOS ESTEREOTIPOS.
MI SUEÑO ES SEGUIR COMBINANDO
LA FÍSICA CON LA DANZA.
MERRITT MOORE

MOLLY KELLY, DAISY KADIBILL Y GRACIE FIELDS

LUCHADORAS POR LA LIBERTAD

Un día, un hombre blanco persiguió en un carro a tres niñas y a una mujer aborígenes por el desierto de Australia. La mujer gritó y luchó intentando proteger a Molly, Daisy y Gracie, pero el hombre las atrapó y se fue, desapareciendo en una nube de arena rojiza.

En ese tiempo, los colonizadores en Australia solían raptar niños que tenían padres blancos y aborígenes para llevarlos a campos donde los entrenaban para trabajar como sirvientes de familias blancas. El hombre llevó a las tres niñas a uno de esos lugares.

Molly tenía catorce años cuando decidió huir del campo con su hermana, Daisy, y su prima, Gracie.

—Miren —les dijo a las dos niñas, señalando hacia una nube oscura en el horizonte—, está por llover. Esta es nuestra oportunidad para escapar. ¡La lluvia borrará nuestro rastro!

En el camino, Molly, Daisy y Gracie cazaban su comida; atravesaron ríos, durmieron bajo los arbustos y se turnaron para cargarse unas a otras. Sabían que había una cerca contra los conejos que cruzaba Australia de norte a sur, así que la siguieron hacia el norte hasta encontrar su pueblo. Caminaron durante nueve semanas, ¡y finalmente llegaron!

Años después, la hija de Molly escribió un libro llamado *Follow the Rabbit-Proof Fence* (*Sigue la cerca para los conejos*), el cual inspiró una película sobre la increíble historia de Molly, Daisy y Gracie.

MOLLY KELLY, *CIRCA* 1917-13 DE ENERO DE 2004
DAISY KADIBILL, *CIRCA* 1923 - 30 DE MAYO DE 2018
GRACIE FIELDS NACIÓ EN 1920
AUSTRALIA

SOMOS GENTE DEL DESIERTO,
Y SOBREVIVIREMOS.
MOLLY KELLY

MUJER TERNERO DE BÚFALO DEL CAMINO

GUERRERA

Había una vez una niña que salvó a su hermano en la batalla. Era cheyenne, y su nombre era Mujer Ternero de Búfalo del Camino.

En ese tiempo, los colonizadores y los soldados del gobierno tenían como misión arrebatar sus tierras a los nativos americanos, sus habitantes originales. Mientras el general George Crook conducía a sus tropas por las grandes planicies hacia su pueblo, Mujer Ternero de Búfalo del Camino tomó su arma, montó su caballo y se unió a los hombres cheyenne en la lucha para defenderse. Algunos protestaron diciendo que, como era mujer, no podía participar en la batalla, pero ya iba a todo galope en su caballo, dejando sólo una nube de polvo detrás de ella.

La pelea estaba en su momento más encarnizado cuando de pronto Mujer Ternero de Búfalo del Camino vio a su hermano, Viene a la Vista, atrapado en una zanja y rodeado por los soldados de Crook. Sin miedo a nada, corrió hacia la zanja mientras las balas zumbaban a su alrededor. Montó a su hermano en su caballo y se fueron galopando juntos hasta estar a salvo. Fue un rescate impresionante.

Los otros guerreros no podían creer lo que veían. Ninguno había sido tan valiente como Mujer Ternero de Búfalo del Camino. De no haber sido por ella, Viene a la Vista hubiera sido asesinado.

Los hombres se sintieron minimizados por su arrojo y no quisieron que nadie supiera lo ocurrido, así que acordaron no volver a hablar nunca de su hazaña. Pero un valiente guerrero llamado Pata de Palo decidió contarlo. Es por él que hoy conocemos la maravillosa historia de una de las guerreras más valerosas del Oeste, Mujer Ternero de Búfalo del Camino.

CIRCA 1850-MAYO DE 1879
ESTADOS UNIDOS

ILUSTRACIÓN DE
ANA JUAN

NADIA COMANECI
GIMNASTA

Cuando tenía seis años, Nadia sólo quería hacer una cosa: dar vueltas de carro. En ese tiempo, las vueltas de carro estaban muy de moda en su país, Rumania, pero Nadia aún no sabía eso.

Un día, jugaba en el patio de su escuela cuando la vio un famoso entrenador de gimnasia llamado Béla Károlyi. Él pensó que con el entrenamiento correcto Nadia podría convertirse en una gran gimnasta y darle gloria al régimen comunista de Rumania.

Entrenar era difícil. Si los niños cometían un error, Béla los golpeaba con sus enormes manos. Tenían que entrenar durante seis horas al día, siete días a la semana. Él quería que sus gimnastas fueran perfectos.

Y Nadia se volvió perfecta... literalmente. A los catorce años, consiguió un 10 en los Juegos Olímpicos de Montreal. Ninguna gimnasta había recibido una calificación perfecta antes. La gente estaba maravillada con sus impecables ejecuciones en la barra fija, el caballo y las barras asimétricas. Nadia se convirtió en una leyenda.

De hecho, se volvió tan famosa que el líder rumano comenzó a temer que pudiera opacarlo. No la dejaba salir del país por ninguna otra razón que no fuera competir.

Así que Nadia decidió escapar. Una mañana, caminó durante seis horas a través de un bosque fangoso y cruzó a pie la frontera con Hungría. De ahí se fue a Estados Unidos, donde la recibieron como refugiada.

En Estados Unidos, Nadia comenzó una familia y fundó un negocio. Amaba la gimnasia y trabajó para promoverla de la forma en que más le gustaba: como una mujer libre.

NACIÓ EL 12 DE NOVIEMBRE DE 1961
RUMANIA

ILUSTRACIÓN DE
ELINE VAN DAM

DEBES DESCUBRIR
CUÁL ES TU
DESTINO Y LA
MEJOR RUTA
PARA LLEGAR
A ÉL, PORQUE
NADIE MÁS
SABE CUÁL
ES EL CAMINO.
NADIA COMANECI

NADIA MURAD

ACTIVISTA POR LOS DERECHOS HUMANOS

En el poblado de Kocho, había una niña llamada Nadia que soñaba con ser maestra de historia o maquillista profesional. Nadia pertenecía a la religión yazidí, una antigua fe nativa del norte de Irak.

Un terrible día, cuando Nadia tenía diecinueve años, un grupo terrorista llamado Estado Islámico invadió Kocho, mató a sus hermanos y la secuestró junto con muchas otras mujeres yazidíes.

Nadia fue tomada como rehén por hombres que la lastimaron mucho. Estaba desesperada, pero constantemente buscaba oportunidades para escapar. Un día, notó que sus captores habían olvidado trabar la puerta. Sin dudarlo un momento, ¡se deslizó hacia afuera y huyó!

Una familia vecina la ayudó a dejar la región y a encontrar un campo de refugiados donde estaría a salvo. «Puede que no sea maestra de historia ni maquillista profesional», pensó, «pero haré todo lo que pueda para ayudar a otras mujeres que siguen prisioneras del Estado Islámico».

Nadia fue reubicada en Alemania, donde comenzó a trabajar con una organización sin fines de lucro.

Para ella, era difícil hablar de lo que había vivido. Cuando nos pasa algo realmente doloroso, deseamos que todos los recuerdos se vayan. Nadia se dio cuenta de que si no hablaba, nadie sabría lo que pasaban otras jóvenes como ella, así que encontró el valor para contarlo.

Relató su historia a los periodistas y habló ante las Naciones Unidas. Gracias a su testimonio, los líderes globales se enteraron de la terrible violencia ejercida por el Estado Islámico.

Nadia fue nominada al Premio Nobel de la Paz.

NACIÓ EN 1993
IRAK

RETOMARÉ MI VIDA CUANDO LAS MUJERES
CAUTIVAS RETOMEN LAS SUYAS, CUANDO MI
COMUNIDAD TENGA UN LUGAR, CUANDO VEA
QUE LOS CULPABLES PAGAN POR SUS CRÍMENES.
NADIA MURAD

NADINE GORDIMER
ESCRITORA Y ACTIVISTA

Había una vez en Sudáfrica una niña que se preocupaba profundamente por la justicia y la equidad. Su nombre era Nadine. En ese tiempo, Sudáfrica seguía bajo un brutal sistema llamado apartheid, el cual separaba y discriminaba a la gente negra. Nadine era blanca y podía ver la diferencia que ese sencillo hecho hacía en su vida. Ella podía ir a cualquier escuela, pero sus amigos negros no. Podía ir al cine, pero sus amigos negros no. Podía entrar a cualquier tienda que quisiera, pero sus amigos negros no.

Cuando la policía abrió fuego contra una multitud que protestaba, matando a sesenta y nueve personas, Nadine decidió unirse al movimiento antiapartheid. Quería contarle al mundo la verdad sobre lo que sucedía en Sudáfrica.

Un día, conoció a un hombre brillante llamado Nelson Mandela, un abogado que luego se convertiría en el primer presidente negro del país. Mandela estaba decidido a terminar con el apartheid por medios políticos pacíficos, y él y Nadine de inmediato se hicieron amigos. Cuando Mandela fue arrestado y juzgado por su activismo político, Nadine lo ayudó a editar un famoso discurso que dio en su propia defensa, llamado «Estoy preparado para morir».

El gobierno sudafricano prohibió varias de las obras de Nadine por años, pero ella siguió escribiendo sin parar: todo el mundo había descubierto su voz y quería escuchar su épico mensaje de libertad y justicia. Recibió el Premio Nobel de Literatura y vivió lo suficiente para ver el fin de la era del apartheid.

20 DE NOVIEMBRE DE 1923-13 DE JULIO DE 2014
SUDÁFRICA

LA VERDAD
NO SIEMPRE ES BELLA,
PERO EL HAMBRE DE
SABERLA SÍ LO ES.
NADINE GORDIMER

NEFERTITI
REINA

Hace mucho tiempo, en el antiguo Egipto gobernó una misteriosa reina llamada Nefertiti. Su nombre significaba «hermosa mujer que ha llegado», pero eso no daba ninguna pista acerca de dónde había venido. Nefertiti era tan **enigmática** como poderosa.

Tuvo seis hijas y reinó junto a su esposo, Akenatón. Ambos usaban la misma corona y lucharon lado a lado en las batallas. Nefertiti promovía un nuevo y radical estilo artístico, y logró que Egipto pasara de ser una sociedad politeísta, es decir, que creía en muchos dioses, a una cultura que adoraba sólo a uno: Atón, el dios sol.

Y un buen día Nefertiti desapareció.

Aún ahora nadie sabe qué le pasó. Si hubiera muerto, habría recibido un entierro real como otros reyes y reinas, pero su tumba nunca se ha encontrado. Algunos creen que vivió más que su esposo, porque hay imágenes de ella en cada esquina de la tumba de él. Otros piensan que cuando el rey murió, Nefertiti comenzó a vestirse de hombre y se cambió el nombre a faraón Semenejkara para convertirse en la única gobernante de Egipto.

Hace unos años, unos arqueólogos trabajaban en la tumba de otro gran rey, Tutankamón, cuando uno de ellos notó unas extrañas grietas en una pared. ¿Podría haber otra cámara funeraria detrás? Usando un radar subterráneo especial, los arqueólogos descubrieron que sí, ¡ahí había una habitación!

¿Era la tumba de la reina perdida del antiguo Egipto? Nadie lo sabe... aún. Hasta que puedan abrir la cámara sin dañar las frágiles paredes, el destino de Nefertiti sigue envuelto en el misterio.

CIRCA 1370 AEC-*CIRCA* 1330 AEC

EGIPTO

OPRAH WINFREY
PRESENTADORA DE TELEVISIÓN, ACTRIZ Y EMPRESARIA

Había una vez una niñita que entrevistaba a los cuervos. También entrevistaba a sus muñecas, hechas de mazorcas de maíz, y era tan buena recitando la Biblia que la gente le decía la Pastora.

Su nombre era Oprah y le encantaba hablar, pero su familia no la escuchaba. Su madre la hacía a un lado diciendo:

—¡Cállate! No tengo tiempo para ti.

Su abuela no le permitía llorar, aunque la hubiera golpeado.

—La gente creerá que eres débil —le decía.

Pero guardárselo todo en su interior era insoportable.

Así que Oprah siguió buscando oportunidades para alzar la voz. Siguió buscando personas dispuestas a escuchar lo que ella tenía que decir. Primero se unió al equipo de oratoria de la preparatoria, luego tomó un trabajo en una estación de radio local, y finalmente entró a un noticiero en la televisión de Baltimore como copresentadora.

Su familia y sus amigos estaban emocionados, pero en lo profundo de su ser Oprah no se sentía segura de que dar las noticias fuera lo que más amaba. Luego la despidieron y le dieron un programa matutino de entrevistas con poco *rating*. Oprah pensó que su carrera había terminado, pero en vez de eso, mientras entrevistaba a un vendedor de helados, descubrió su más grande talento. La gente comenzó a amar el programa porque ella realmente escuchaba a sus invitados. Si lloraban, ella sentía su tristeza. Si estaban enojados, entendía su indignación. Y si estaban felices, se reía con ellos.

Oprah se convirtió en la reina de los programas de entrevistas. Se pasó a la televisión nacional, lanzó su propia cadena y se convirtió en multimillonaria y en una de las filántropas más generosas de la historia.

NACIÓ EL 29 DE ENERO DE 1954
ESTADOS UNIDOS

EN LA VIDA
RECIBES LO QUE
TIENES EL VALOR
DE PEDIR.
OPRAH WINFREY

PAULINE LÉON
REVOLUCIONARIA

Pauline nació en una chocolatería de París. Sus padres, como la mayoría de la gente en Francia en ese momento, eran personas sencillas y trabajadoras. Formaban parte de lo que se conocía como el Tercer Estado: personas que no eran ni ricos terratenientes ni sacerdotes de la Iglesia católica.

La gente del Tercer Estado trabajaba duro todos los días, pero para la mayoría nunca había suficiente comida en la mesa. Los ricos no pagaban tantos impuestos como debían, situación que la gente como Pauline consideraba injusta. Ella quería libertad y equidad para todos, y las quería ya.

A los veintiún años, Pauline ayudó a iniciar una revolución. En ese tiempo, las mujeres no debían involucrarse en la política, pero a Pauline no le importó: ella quería pelear por su país. Creía que era el deber de un ciudadano proteger a su nación sin importar su clase o género.

Una mañana, cerca de mil personas decidieron tomar una fortaleza parisina llamada la Bastilla. Pauline estaba entre ellas, armada con un pico. Ese fue el principio de la madre de todas las revoluciones: la Revolución francesa, un evento que le daría forma al futuro de Europa durante los siglos venideros.

Pauline animó a otras mujeres a participar en la revolución, y fundó un grupo llamado *femmes sans culottes* o «mujeres sin bombachos». Los bombachos eran unos elegantes pantalones de seda que usaba la nobleza. En vez de eso, los revolucionarios llevaban pantalones de uso rudo.

Con el tiempo, la Revolución francesa derrocó a la monarquía, estableció una república y modificó el curso de la historia. Y todo eso gracias a ciudadanos como Pauline Léon, la revolucionara nacida en una chocolatería.

28 DE SEPTIEMBRE DE 1768-5 DE OCTUBRE DE 1838

FRANCIA

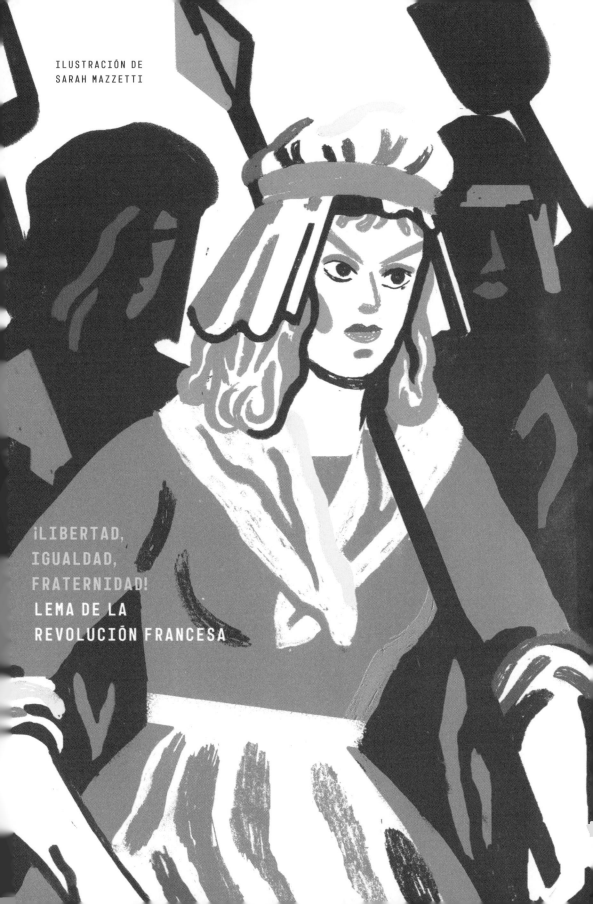

ILUSTRACIÓN DE
SARAH MAZZETTI

¡LIBERTAD,
IGUALDAD,
FRATERNIDAD!
LEMA DE LA
REVOLUCIÓN FRANCESA

PEGGY GUGGENHEIM
COLECCIONISTA DE ARTE

Había una vez una niña que heredó una fortuna. Su nombre era Peggy y su papá murió trágicamente en el hundimiento del *Titanic* cuando ella tenía apenas catorce años.

A Peggy le encantaba viajar, pero más que eso, amaba el arte y a los artistas. A fin de conocer a tantos artistas como fuera posible, trabajó como empleada en una moderna librería de Manhattan y después se mudó a París, donde se hizo amiga de algunos de los escritores y pintores más talentosos del mundo.

Peggy tenía como misión formar una colección con las mejores obras de arte moderno del orbe. Elegía cuidadosamente, compraba una pintura al día con una idea muy clara de quién debería estar incluido en su colección.

Durante la Segunda Guerra Mundial, Peggy estaba aterrada de que sus invaluables pinturas fueran destruidas por las bombas que caían sobre París. Pidió ayuda a los curadores del Museo del Louvre, pero estos le dijeron que no tenía nada que valiera la pena proteger. Braque, Picasso, Klee, Dalí, Magritte... ¿no valía la pena protegerlos? Peggy estaba indignada. Terminó guardando sus pinturas en el granero de un amigo a las afueras de París.

Después de la guerra, Peggy se mudó a Venecia, Italia. Flotó por la ciudad en su góndola privada con sus amados perros en el regazo, siempre luciendo unos llamativos lentes de sol.

Peggy fue una fuerza impulsora en el mundo del arte del siglo xx, dominado por los hombres. La Colección Peggy Guggenheim, uno de los museos más importantes de Italia, está ubicada en su antigua casa en Venecia, justo a la orilla del Gran Canal.

26 DE AGOSTO DE 1898 - 23 DE DICIEMBRE DE 1979
ESTADOS UNIDOS

VEO CON GRAN ALEGRÍA LO QUE
HE VIVIDO. SIEMPRE HICE LO QUE
QUISE Y NUNCA ME IMPORTÓ
LO QUE PENSARAN LOS DEMÁS.
PEGGY GUGGENHEIM

POORNA MALAVATH
MONTAÑISTA

Había una vez una joven llamada Poorna que fue a una expedición de escalada con sus compañeros de la escuela. Cuando llegaron a Bhongir Rock, al sur de India, miró la enorme pendiente que debía subir; sus piernas temblaron y los ojos se le llenaron de lágrimas. «No podré hacerlo jamás», pensó.

Pero el maestro de Poorna, un policía local, la animó.

—Puedes hacerlo —le dijo. Así que ella lo intentó. Cuando llegó a la cima, gritó de alegría.

—Ahora ya no le tengo miedo a nada —dijo—. ¡Puedo conquistar el monte Everest!

Y no lo decía sólo por decirlo: Poorna realmente quería escalar la montaña más alta del mundo.

Antes de lanzarse a esa aventura, tenía que entrenar mucho. Aumentó su resistencia jugando kabaddi, un deporte que es como una versión intensa del juego de «las traes». Poorna viajó hasta las altas mesetas del norte de India durante un helado invierno y subió hasta la cima del monte Renock, una de las cumbres más complicadas de los Himalaya.

Cuando estuvo lista, se unió a una expedición para escalar el Everest. No tuvo miedo al ver la imponente montaña por primera vez.

—No es tan alta —le dijo a su entrenador—. Podemos subirla en un día.

Bueno, pues le tomó cincuenta y dos días llegar a la cumbre, pero cuando la alcanzó, Poorna, de trece años, se convirtió en la mujer más joven en lograrlo.

Luego, Poorna escaló hasta la cima del Kilimanjaro, en Tanzania, pero su aspiración más grande es convertirse en policía, igual que el maestro que la ayudó a conquistar su miedo.

NACIÓ EL 10 DE JUNIO DE 2000

INDIA

ILUSTRACIÓN DE
PRIYA KURIYAN

QUERÍA DEMOSTRAR QUE
LAS CHICAS PODEMOS
HACER CUALQUIER COSA.
POORNA MALAVAT

QIU JIN
REVOLUCIONARIA

Había una vez una niña llamada Qiu Jin, quien, siguiendo las órdenes de su padre, se casó con un rico mercader al que no amaba. No es de sorprender que su matrimonio no fuera feliz.

«Ese hombre es peor que un animal... Me trata como si fuera menos que nada», escribió Qiu Jin. Soñaba con convertirse en una poeta famosa, pero su esposo se burlaba de ella y le decía que nunca alcanzaría sus metas.

En ese tiempo, China estaba pasando de ser un imperio gobernado por una dinastía a una república regida por el pueblo. Todos los días se formaban grupos revolucionarios y los periódicos clandestinos propagaban nuevas ideas sobre el futuro del país. Qiu Jin quería ser parte de esa transformación, así que dejó a su esposo abusador y se mudó a Japón.

Ahí aprendió sobre los derechos de las mujeres y supo que la antigua práctica del **vendaje de pies** lastimaba a millones de niñas chinas.

Cuando volvió a casa, Qiu Jin fundó el *Periódico de las mujeres chinas*. También comenzó a animar a las mujeres para derrocar a la dinastía Qing.

«Con todo mi corazón», escribió, «ruego y suplico a los doscientos millones de mujeres de mi país que asuman su responsabilidad como ciudadanas. ¡Levántense! ¡Levántense! ¡Mujeres chinas, levántense!».

Qiu Jin abrió una escuela en la que se suponía que se preparaba a maestras de deportes, pero en realidad entrenaba revolucionarias. Aunque le advirtieron que los oficiales del gobierno iban a arrestarla, ella se negó a huir.

—Estoy dispuesta a morir por la causa —dijo.

Fue ejecutada, pero se convirtió en una heroína nacional y símbolo de la independencia de las mujeres en China y en el resto del mundo.

8 DE NOVIEMBRE DE 1875-15 DE JULIO DE 1907

CHINA

NO ME DIGAN QUE LAS MUJERES NO
TIENEN MADERA DE HÉROES.
QIU JIN

RACHEL CARSON
AMBIENTALISTA

Había una vez una niña que adoraba escribir historias sobre animales. Su nombre era Rachel, y creció hasta convertirse en una de las defensoras más apasionadas del medio ambiente.

Tras graduarse de la universidad con un título en zoología, Rachel volvió a casa para cuidar a su madre anciana. Consiguió un trabajo para escribir una serie de programas de radio sobre peces. Nadie más podía hacer que la biología marina sonara tan emocionante, y el programa de Rachel, llamado *Romance bajo el agua*, fue todo un éxito. Demostró que ella no sólo era una científica increíble, sino también buena escritora.

Pese a tener que ganarse la vida y cuidar a su mamá, Rachel encontró tiempo para escribir dos hermosos libros, *El mar que nos rodea* y *La orilla del mar*. Además, cuando su hermana murió, adoptó a sus dos sobrinas, criándolas como si fueran sus hijas.

Años después, Rachel y su madre se mudaron a un pequeño pueblo en el campo. Ahí comenzó a notar el impacto de los pesticidas en la naturaleza. En ese tiempo, los granjeros solían rociar químicos sobre sus cultivos para protegerlos de los insectos. Lo que Rachel descubrió fue que estos químicos estaban envenenando a otras plantas, animales, aves e incluso a los seres humanos. Al respecto escribió un libro llamado *Primavera silenciosa*.

La gente que vendía pesticidas intentó detenerla, pero Rachel siguió hablando de lo que había aprendido. *Primavera silenciosa* fue votado como uno de los libros de ciencia más importantes de la historia. Ha inspirado a millones de personas a sumarse al movimiento ambientalista y hacer campaña por el bienestar de todas las especies de la Tierra, no sólo la nuestra.

27 DE MAYO DE 1907-14 DE ABRIL DE 1964
ESTADOS UNIDOS

ILUSTRACIÓN DE
SARAH WILKINS

EN LA NATURALEZA,
NADA EXISTE SOLO.
RACHEL CARSON

RIGOBERTA MENCHÚ TUM
ACTIVISTA POLÍTICA

Había una vez una niña a la que le dijeron que no importaba. Vivía en lo alto de las montañas de Guatemala, pero ella y su familia tenían que trabajar en el valle, en la pisca de granos de café. Los dueños de la plantación los hacían trabajar duro y los golpeaban si no cosechaban lo suficientemente rápido. A los trabajadores los trataban como esclavos y casi no les pagaban nada.

—Tu vida no vale ni una bolsa de frijoles —le dijeron sus jefes.

—Mi nombre es Rigoberta —respondió ella—, y mi vida vale tanto como las suyas.

Rigoberta estaba orgullosa de su gente y de su cultura. Los mayas de Guatemala podían rastrear su historia hasta tiempos antiguos. Tenían una civilización rica y maravillosa, pero habían sido llevados a la pobreza y los azotaban e incluso los soldados los asesinaban si se atrevían a protestar.

Ella comenzó a luchar por mejores condiciones y derechos iguales para su gente. Organizó huelgas y protestas. Aunque Rigoberta no sabía leer ni escribir, hablaba con tal convicción que más y más gente se unió a su causa. Muchos fueron capturados y asesinados, incluidos los padres y el hermano de Rigoberta. El gobierno intentó callarla y los dueños de las tierras quisieron destruirla, pero nadie pudo acabar con su espíritu indomable. Ella insistió en contar su historia, no porque fuera suya, sino porque era la de los indígenas oprimidos en todas partes del mundo.

Rigoberta desempeñó un gran papel para poner fin a la guerra civil en Guatemala. Por esto y por su trabajo haciendo campaña por los derechos de los pobres, recibió el Premio Nobel de la Paz.

NACIÓ EL 9 DE ENERO DE 1959
GUATEMALA

ILUSTRACIÓN DE
DEBORA GUIDI

SOY COMO UNA GOTA DE AGUA SOBRE UNA ROCA.
GOLPE A GOLPE, DANDO SIEMPRE EN EL MISMO LUGAR,
COMIENZO A DEJAR UNA MARCA, Y HE DEJADO MI MARCA
EN LOS CORAZONES DE MUCHA GENTE.
RIGOBERTA MENCHÚ TUM

ROSALIND FRANKLIN

QUÍMICA Y CRISTALÓGRAFA DE RAYOS X

Había una vez una niña que descubrió el secreto de la vida. Se llamaba Rosalind y era una química extraordinaria. También era **cristalógrafa** de rayos X y trabajaba como investigadora en el laboratorio de biofísica en el King's College de Londres.

Rosalind estudió el ADN, una molécula que lleva la información que le dice a nuestro cuerpo cómo desarrollarse y cómo funcionar. Hoy sabemos que el ADN tiene la forma de una doble hélice, esto es, una escalera torcida, pero en la época de Rosalind la comunidad científica no tenía idea de a qué se parecía el ADN.

Rosalind pasó cientos de horas utilizando rayos X para fotografiar las fibras del ADN e intentando develar el secreto de la vida. Incluso mejoró las máquinas que usaba para conseguir la mejor imagen posible.

Se requerían cerca de cien horas para obtener cada foto. Un día, su equipo logró una increíble captura que ofrecía información sin precedentes sobre la estructura del ADN: la llamaron «Fotografía 51».

Rosalind no le caía bien a Maurice Wilkins, uno de los científicos que trabajaban con ella, así que a sus espaldas les envió la foto a dos científicos rivales que también estudiaban el ADN. Cuando esos dos científicos, James Watson y Francis Crick, vieron la fotografía, se quedaron con la boca abierta. Usaron la Fotografía 51 como base para su modelo en 3D del ADN, lo que más adelante los hizo acreedores de un Premio Nobel en Fisiología o Medicina.

Rosalind dejó el King's College de Londres para trabajar en otras áreas. Hizo descubrimientos cruciales sobre cómo los virus extienden las infecciones. Por esto, y por su vital contribución en el descubrimiento del ADN, hoy es reconocida como una de las científicas más importantes del siglo XX.

25 DE JULIO DE 1920-16 DE ABRIL DE 1958

REINO UNIDO

LA CIENCIA Y LA VIDA DIARIA
NO PUEDEN Y NO DEBERÍAN SEPARARSE.
ROSALIND FRANKLIN

RUBY NELL BRIDGES
ACTIVISTA

Había una vez en Nueva Orleans una niña increíblemente valiente llamada Ruby. Tenía que caminar varios kilómetros para llegar a su escuela aunque había una más cerca de su casa, pero esa escuela era sólo para blancos y Ruby era negra.

—No pueden evitar que mi hija vaya a la escuela sólo por su color de piel —dijo la mamá de Ruby—. Está mal. Y es contra la ley.

Aunque los miembros de la junta escolar no querían admitirlo, sabían que la mamá de Ruby tenía razón. Hicieron que Ruby tomara un examen muy difícil para entrar, esperando que reprobara. Pero Ruby no sólo era valiente, también era inteligente, y contestó el examen a la perfección.

Aunque estaba emocionada de ir a su nueva escuela, cuando ella y su mamá llegaron el primer día se encontraron con una turba iracunda que gritaba consignas racistas en la puerta.

—No tenía idea de qué estaba pasando. Pensé que era Mardi Gras —recordó Ruby. Apenas tenía seis años.

Todos los días Ruby iba a la escuela protegida por cuatro alguaciles federales. La imagen de esa niñita flanqueada por sus enormes guardaespaldas inspiró al artista Norman Rockwell a crear una famosa pintura llamada *El problema con el que todos vivimos*.

Ruby creció hasta convertirse en una brillante activista por los derechos civiles. Incluso fue a la Casa Blanca para conocer al presidente Barack Obama, y juntos observaron la pintura de Rockwell, que estaba colgada afuera de la Oficina Oval.

—Jamás deberíamos ver a una persona y juzgarla por su color de piel —dijo Ruby—. Esa es la lección que aprendí en mi primer año de escuela.

NACIÓ EL 8 DE SEPTIEMBRE DE 1954
ESTADOS UNIDOS

ILUSTRACIÓN DE
GIULIA TOMAI

NO SIGAS EL CAMINO.
VE ADONDE NO HAY CAMINO Y COMIENZA A HACERLO.
RUBY NELL BRIDGES

SAMANTHA CRISTOFORETTI

ASTRONAUTA

Hubo una vez una ingeniera que hizo café en el espacio exterior. Su nombre era Samantha y también era astronauta.

Samantha estudió ingeniería mecánica y aeronáutica en la universidad. Después de graduarse, entró a una escuela de aviación y terminó con las mejores calificaciones de su clase. Samantha se convirtió en piloto de guerra en la Fuerza Aérea italiana, pero quería volar aún más alto.

Presentó una solicitud en la Agencia Espacial Europea para unirse al programa espacial. Sólo fueron elegidos seis pilotos de entre más de ocho mil aspirantes: Samantha fue una de ellos.

Durante dos años, se sometió a un programa de entrenamiento increíblemente duro. En un campo de entrenamiento militar subacuático en Houston, Texas, Samantha tuvo que aprender cómo armar equipos en el fondo de una alberca cuatro veces más profunda que una normal, cómo nadar con un traje espacial y cómo pelear bajo el agua. ¡Incluso tuvo que aprender a hablar ruso!

Cuando dominó todo eso, estuvo lista para partir.

En la Estación Espacial Internacional, la capitana Cristoforetti llevó a cabo más de doscientos experimentos para estudiar cómo reacciona el cuerpo humano tras largos periodos en gravedad cero.

—En el futuro —predijo— los humanos vivirán en distintos planetas, así que es importante saber qué le pasa a nuestro cuerpo en el espacio exterior.

Durante la misión, Samantha también experimentó con diferentes tipos de comida.

—¿Quién querría vivir en Marte —preguntó— si sólo se pueden comer cosas que salen de un tubo?

Samantha fue la tercera mujer europea en viajar al espacio exterior, ¡y la primera persona en hacer café allá!

NACIÓ EL 26 DE ABRIL DE 1977

ITALIA

154

ILUSTRACIÓN DE
GIULIA TOMAI

SI TIENES QUE ELEGIR ENTRE LO
FÁCIL Y LO DIFÍCIL, RECUERDA
SIEMPRE QUE POR LO GENERAL LO
DIFÍCIL ES MUCHO MÁS DIVERTIDO.
SAMANTHA CRISTOFORETTI

SAFO
POETA

Hace mucho tiempo, en una pequeña isla en el mar Egeo llamada Lesbos, vivió una poeta. Su nombre era Safo.

Safo tenía cabello oscuro y una dulce sonrisa. Dirigía un internado especial donde se enseñaba religión y arte a las niñas. También escribía poemas, y estos eran leídos y cantados en las ceremonias públicas, por lo general como despedida a las estudiantes que estaban listas para dejar la escuela.

Safo escribió sobre el intenso lazo emocional entre niñas y jóvenes. En ese tiempo, en la antigua Grecia, las mujeres casadas no podían tener amistades cercanas como las que habían tenido en la escuela; por lo general, al crecer quedaban confinadas a las casas de sus esposos. Los poemas de Safo celebraban las amorosas relaciones de las niñas para recordar a las mujeres las amistades que disfrutaban en sus días de juventud. Los grandes escritores y pensadores de su tiempo alababan su obra, e inspiró a muchos otros. Incluso creó una nueva forma de poesía, llamada **estrofa sáfica**.

Escribió sus versos en papiros, algunos de los cuales estaban cuidadosamente guardados en la Gran Biblioteca de Alejandría en Egipto. Pero, con el paso de los siglos, la mayoría de esos frágiles pergaminos se perdieron. Aunque Safo escribió más de diez mil versos durante su vida, sólo unos cuantos fragmentos de sus poemas han sobrevivido hasta hoy.

La poesía de Safo es tan romántica que por cientos de años ha simbolizado el amor de las mujeres en todo el mundo. Y es por eso que las mujeres que aman a las mujeres son llamadas lesbianas, por la hermosa isla griega donde vivió Safo, Lesbos.

CIRCA 610 AEC - *CIRCA* 570 AEC
GRECIA

ILUSTRACIÓN DE
ELENI KALORKOTI

SEPAN QUE MÁS
ADELANTE, INCLUSO EN UNA
ERA DISTINTA A LA NUESTRA,
ALGUIEN RECORDARÁ QUIÉNES SOMOS.
SAFO

SARA SEAGER

ASTROFÍSICA

Había una vez una niña cuya mente parecía trabajar mucho más rápido que las de los demás. Podía hacer conexiones entre las cosas en un instante. No veía televisión porque le parecía lenta y aburrida. Prefería estar en su habitación, mirando a través de su telescopio.

Mientras otras personas veían la luna o las estrellas, Sara veía los espacios entre ellas. Sabía que en los espacios oscuros había miles de millones de estrellas más y que la mayoría de ellas tenían planetas alrededor, igual que la Tierra orbita alrededor del Sol. ¿Estaban lo suficientemente lejos de sus propios soles para no quemarse? ¿Estaban lo suficientemente cerca para no congelarse? ¿Estaban en ese maravilloso punto, en esa probabilidad en un millón, como para que la vida apareciera?

Sara Seager creció hasta convertirse en una cazadora de alienígenas de la vida real. Su trabajo en el Instituto Tecnológico de Massachusetts es buscar señales de vida en exoplanetas, que son los que están más allá de nuestro propio sistema solar y orbitan estrellas en galaxias lejanas. En el pasillo afuera de su oficina hay un póster de uno de ellos: un desierto rocoso con dos soles que arden en el cielo igual que en Tatooine, el planeta originario de Luke Skywalker en las películas de *Star Wars*.

Sara no es muy práctica y admite que no podría cambiar un foco en su casa. Pero sus dos hijos están orgullosos de su mamá, un genio certificado y una de las mejores astrofísicas del mundo. A veces no puede encontrar sus calcetines, pero ¡podría encontrar una nueva Tierra!

NACIÓ EL 21 DE JULIO DE 1971

CANADÁ

ILUSTRACIÓN DE
JOANA ESTRELA

SER CIENTÍFICA
ES COMO SER
EXPLORADORA.
SARA SEAGER

SARINYA SRISAKUL

BOMBERA

Un día una joven fue con su papá para darle una gran noticia.

—Papá —le dijo—, ¡me apunté para ser bombera!

Su padre quedó impactado.

—Estás loca —respondió él—. Es peligroso. No es un buen trabajo para una mujer. Y de cualquier modo, somos de Tailandia; no hay personas asiáticas en el Departamento de Bomberos de Nueva York.

Sarinya estaba decidida. Pasó por un rudo entrenamiento de tres meses, ahí aprendió a combatir incendios de cocina y de autos, a maniobrar escaleras aéreas ¡y a enfrentar muchos retos! Era la única mujer entrenando, y una de las pocas personas que no eran blancas. Fue difícil, pero lo logró.

Los bomberos deben tener una condición física excelente para enfrentar todo tipo de emergencias, así que, para mantenerse en forma, Sarinya comenzó a ir en bicicleta al trabajo y de regreso. Todos los días se veía ante situaciones nuevas e inesperadas: elevadores atorados, paquetes sospechosos, automóviles sumergidos, fugas de gas...

—No sabía qué esperar cuando entraba a la estación de bomberos —explica Sarinya—. Ser bombera es divertido, emocionante, y ayudas a otros.

Siempre que había una mujer que necesitaba ayuda, Sarinya era la primera en llegar.

—A veces ver un rostro como el tuyo te hace sentir alivio cuando estás en una situación emocional —afirma. Que hablara varios idiomas también era una ventaja en Nueva York, donde hay gente de diferentes culturas y no todos hablan inglés.

Hoy, en el Departamento de Bomberos de Nueva York, hay el doble de mujeres que cuando ella comenzó.

—Eso es genial —dice Sarinya—, pero sigo siendo la única bombera asiática. ¡Ya quiero conocer a la segunda!

NACIÓ *CIRCA* 1980
ESTADOS UNIDOS

LO PRINCIPAL DE SER
«HEROICO» ES AYUDAR
A LOS DEMÁS.
SARINYA SRISAKUL

ILUSTRACIÓN DE
LISK FENG

SELDA BAĞCAN
CANTAUTORA

Había una vez una niña que pasaba las noches tocando y cantando con sus hermanos, fingiendo que eran los Beatles. Su nombre era Selda.

Cuando creció, Selda se mudó a la ciudad de Ankara para estudiar física. Sus hermanos también se habían ido a vivir ahí y dirigían un popular club de música llamado Beethoven.

Cada noche, Selda dejaba sus libros, tomaba su guitarra eléctrica y se iba a Beethoven. El club siempre estaba lleno cuando Selda tocaba. Ella le daba un toque de rock a la **música folclórica** de Turquía. ¡Nunca nadie había escuchado nada igual!

La música de Selda era política y sus letras confrontaban directamente al gobierno. «¿Por qué es tan difícil abrir nuevos caminos?», cantaba. Cuando un régimen militar tomó el poder de Turquía, prohibieron que Selda apareciera en la televisión y fue arrestada tres veces. El gobierno incluso le quitó su pasaporte para que no pudiera dejar el país.

Pero nadie podía detener la música de Selda.

Millones de personas en todo el mundo bailaron con sus canciones. Cuando al fin pudo viajar libremente de nuevo, se fue a Londres, donde miles de fans ya la estaban esperando.

Selda comenzó a hacer giras e incluso creó su propia compañía disquera. Cuando descubrió que dos raperos habían *sampleado* su música sin su permiso y sin pagarle, demandó a la compañía de ellos. No ganó, pero no estaba enojada con los artistas. Dijo que le enorgullecía que hubieran usado su canción para rapear sobre el activista estadounidense negro Malcolm X.

—Sí, me robaron —dijo—. Pero fue por una buena causa.

NACIÓ EN 1948

TURQUÍA

SELDA

ILUSTRACIÓN DE GIULIA TOMAI

LAS CANCIONES
SON MÁS PELIGROSAS
QUE LAS ARMAS.
SELDA BAĞCAN

SERAFINA BATTAGLIA
TESTIGO CONTRA LA MAFIA

Serafina tenía una cafetería, y su esposo era un criminal que pertenecía a una violenta organización llamada mafia. Él y sus amigos se reunían en la cafetería para planear toda clase de delitos.

Serafina los escuchaba hacer sus planes, pero nunca opinaba ni intentaba detenerlos. En su retorcido mundo, la gente que iba con la policía era despreciable, mientras que los que robaban y mataban eran admirados.

Un funesto día, los hombres de la pandilla de su esposo se pusieron en su contra. Lo mataron y también al hijo de Serafina. Muchas otras mujeres también habían perdido a sus seres queridos, pero ninguna había hablado. Para Serafina esto fue demasiado, y se dio cuenta de que su silencio había permitido que pasaran cosas terribles.

Envuelta en una capa de luto, fue a los tribunales para enfrentar a los hombres acusados de matar a su hijo. Ahí vio a los jefes más poderosos de la mafia italiana detrás de los barrotes, como si fueran animales enjaulados. Serafina se aferró con fuerza a esos barrotes y miró a los hombres a los ojos.

—Ustedes bebieron la sangre de mi hijo —dijo—, y aquí, frente a Dios y los hombres, escupo en sus caras. —Y lo hizo. Luego volteó hacia el juez y le dijo—: Los jefes de la mafia no tienen honor.

Ese fue el inicio de una colaboración de diez años entre Serafina y la policía. Gracias a ella, los oficiales arrestaron a cientos de criminales. Algunos de ellos sobornaron a los jueces y salieron libres, pero aun así Serafina dio el ejemplo. Después, muchas otras mujeres comenzaron a hablar.

—Si todas las mujeres hablaran sobre lo que saben de sus hombres —dijo Serafina—, la mafia ya no existiría.

1919-9 DE SEPTIEMBRE DE 2004
ITALIA

ILUSTRACIÓN DE
GIORGIA MARRAS

per
Cesare
Terranova

LA JUSTICIA ES MI ARMA.
SERAFINA BATTAGLIA

SHAMSIA HASSANI

ARTISTA URBANA

Había una vez una niña que era una pintora increíblemente veloz. En tan sólo unos minutos podía crear un mural y desaparecer. Su nombre era Shamsia y vivía en Kabul, Afganistán.

Había una buena razón para que Shamsia fuera tan rápida: si la atrapaban haciendo arte en las calles, sería atacada por la gente que creía que una mujer afgana debía estar en su casa, no pintando las paredes. Afganistán podía ser un lugar peligroso para las mujeres, en especial para aquellas que querían cambiar las reglas.

Shamsia usó su arte para promover los derechos de las mujeres en su país.

—El grafiti es una forma amigable de combatir —dijo—. La mayoría de la gente no va a las galerías de arte ni a los museos, pero si yo creo mi arte en las calles, todos lo verán.

Pero Shamsia no podía pintar en grandes edificios porque cada mural le tomaría demasiado tiempo, aumentando el riesgo de que la atraparan. En vez de eso escogía escaleras, paredes de calles estrechas y callejones: pasajes escondidos que la gente usaba a diario.

Principalmente pintaba mujeres: mujeres grandes y altas. Quería que la gente las notara y que las viera de una nueva manera.

—Cuando la gente ve algo todos los días, en su camino al trabajo o a la escuela, esto se vuelve parte de su vida —explicó—, y es ahí cuando comienza a cambiar de parecer acerca de algo.

En uno de los murales de Shamsia, una niña toca una guitarra eléctrica roja. En otro, sobre una pared agrietada cerca de una escalera, una mujer alta vestida con una burka azul claro mira al cielo.

NACIÓ EN 1988

AFGANISTÁN

ILUSTRACIÓN DE
CRISTINA PORTOLANO

LAS MUJERES QUE PINTO
NO SON MUJERES QUE SE
QUEDAN EN CASA.
SON MUJERES NUEVAS,
LLENAS DE ENERGÍA.
SHAMSIA HASSANI

SPRAY

SIMONE VEIL

POLÍTICA

Simone no lograba entender la guerra.

—¿Por qué querría un país atacar a otro? —preguntaba. Era una niña judía en medio de la Segunda Guerra Mundial, uno de los conflictos más violentos que el mundo ha visto, y toda su familia había sido deportada por los nazis a un campo de concentración.

Para cuando la guerra terminó, Simone había perdido a su mamá, a su papá y a su hermano.

Había sido testigo de tantas injusticias que sentía una gran necesidad de hacer algo al respecto, así que estudió leyes y se convirtió en jueza en Francia.

Simone se casó con un hombre que trabajaba en la aeronáutica. Un día, el presidente francés visitó su casa para preguntarle a su esposo si le gustaría unirse al gobierno. Hacia el final de la visita del presidente, fue Simone a quien le ofreció el trabajo, y así se convirtió en la ministra de sanidad del gabinete presidencial.

Cuando Francia y otros países decidieron integrar a sus ciudadanos en la Unión Europea, Simone se postuló para ser miembro del Parlamento Europeo. Y ganó, ¡e incluso se convirtió en su primera presidenta!

Como presidenta, Simone se enfocó en la reconciliación, aunque eso significaba trabajar con Alemania, cuyo régimen nazi le había causado tanto dolor a su gente. Pero ella sabía que la guerra no era y nunca había sido la respuesta; creía que la paz y la justicia eran algo por lo que valía la pena luchar. Simone pensó que eso era de lo que se trataba el sueño de una Europa unida, y a eso dedicó su vida.

—La idea de la guerra me parecía algo terrible —le dijo Simone Veil a un periodista—. La única opción posible era hacer la paz.

13 DE JULIO DE 1927-30 DE JUNIO DE 2017

FRANCIA

ILUSTRACIÓN DE
LIEKELAND

EL DESTINO DE EUROPA
Y EL FUTURO DEL MUNDO
LIBRE ESTÁN POR
COMPLETO EN
NUESTRAS MANOS.
SIMONE VEIL

SKY BROWN
PATINADORA

Había una vez en Japón una niñita llamada Sky. Su papá era patinador, y a ella le encantaba verlo subir por las pendientes y hacer increíbles acrobacias. Aunque apenas podía caminar, Sky solía balancearse sobre la patineta, intentando imitar a su padre.

Al principio, el papá de Sky tenía miedo de que su pequeña se cayera y se lastimara, pero luego se dio cuenta de que había nacido para la patineta y le compró la suya.

Cuando Sky iba al parque de patinetas a practicar, los chicos mayores a veces intentaban detenerla. ¿Qué podía saber esa niñita sobre patinar? Bueno, pues sabía bastante.

Ser subestimada impulsó a Sky a entrenar más duro, a saltar más alto y a aprender más trucos. Pronto se convirtió en la patinadora más joven en el Vans Park Series, una gira de patinadores profesionales.

Nadie se vuelve bueno en la patineta sin tener que pasar por unas cuantas rodillas ensangrentadas y codos raspados, y Sky se ha caído muchas veces de la patineta. Una vez cayó en un profundo *bowl* durante una competencia: no podía salir sola, pero tres de sus compañeros la ayudaron a llegar hasta arriba. Cuando logró salir, los chicos chocaron las palmas con ella.

«Está bien caerse», pensó, «¡cuando cuentas con gente que te levante! Quiero ser como ellos: una buena patinadora y una buena persona».

Hoy, Sky sigue superando los límites y enfrentando a competidores mucho mayores que ella en el mundo de las patinetas, dominado por los hombres.

—Prefiero las rampas y los *bowls* a los columpios y las resbaladillas... simplemente son muuucho más divertidos —dice—. Hacer un aterrizaje perfecto tras una vuelta es muy emocionante. Me encanta cómo se siente.

NACIÓ EL 7 DE JULIO DE 2008
JAPÓN

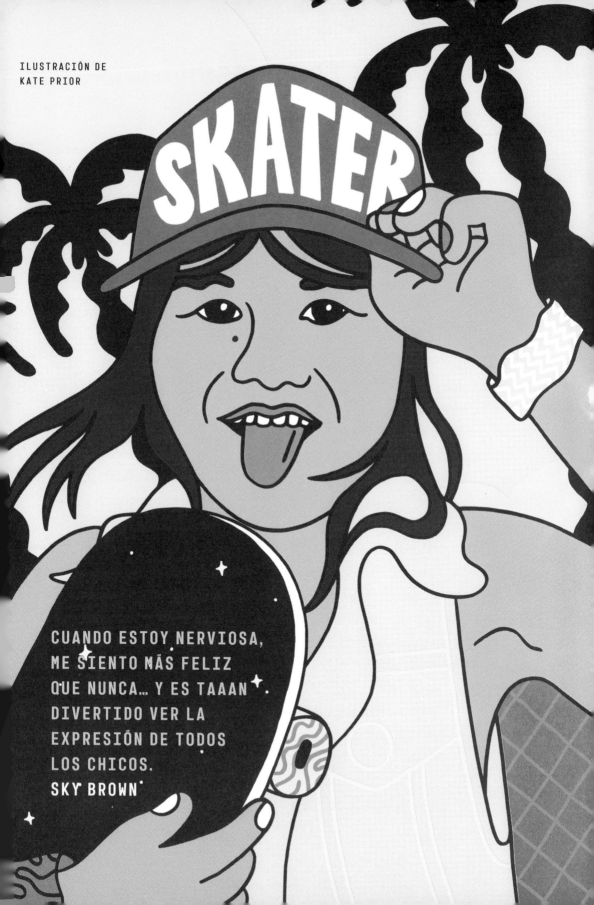

SOFIA IONESCU

NEUROCIRUJANA

Había una vez una niña con unas manos maravillosas: fuertes y firmes, con dedos largos y elegantes.

—Con manos como esas, podrías ser pianista o pintora —le decían sus maestros. El arte y la música estaban muy bien, pero Sofia tenía algo más en mente. Una joven amiga suya había muerto tras una cirugía de cerebro, y ella quería convertirse en neurocirujana para ayudar a salvar la vida de personas como su amiga.

En ese tiempo, casi no había médicos mujeres en Rumania, y las neuro-cirujanas eran extremadamente escasas por todo el mundo. Los maestros de Sofia no creían que fuera lo suficientemente lista para entrar siquiera a la escuela de medicina, pero ella estudió mucho con la luz de un farol de la calle que entraba por la ventana de su cuarto y, con el apoyo constante de su madre, pasó todas sus clases y exámenes y se convirtió en médico.

Durante la Segunda Guerra Mundial, Sofia se ofreció para cuidar a los soldados heridos en un hospital cercano a su casa. Los operaba, y la ma-yor parte de las veces tenía que hacer amputaciones cuando sus brazos o piernas estaban tan dañados que no podían salvarse. Pero Sofia aún deseaba ser una neurocirujana que operara cerebros.

Y un día llegó su oportunidad. Un chico con terribles heridas en la cabeza fue llevado al hospital cuando no estaba ninguno de los otros ci-rujanos. Mientras caían bombas a su alrededor, Sofia tomó un escalpelo y se miró las manos: eran tan fuertes y firmes como siempre. Ese día salvó la vida del chico.

Después de la guerra, Sofia se preparó como neurocirujana y durante su larga y distinguida carrera salvó muchas más vidas.

25 DE ABRIL DE 1920-21 DE MARZO DE 2008
RUMANIA

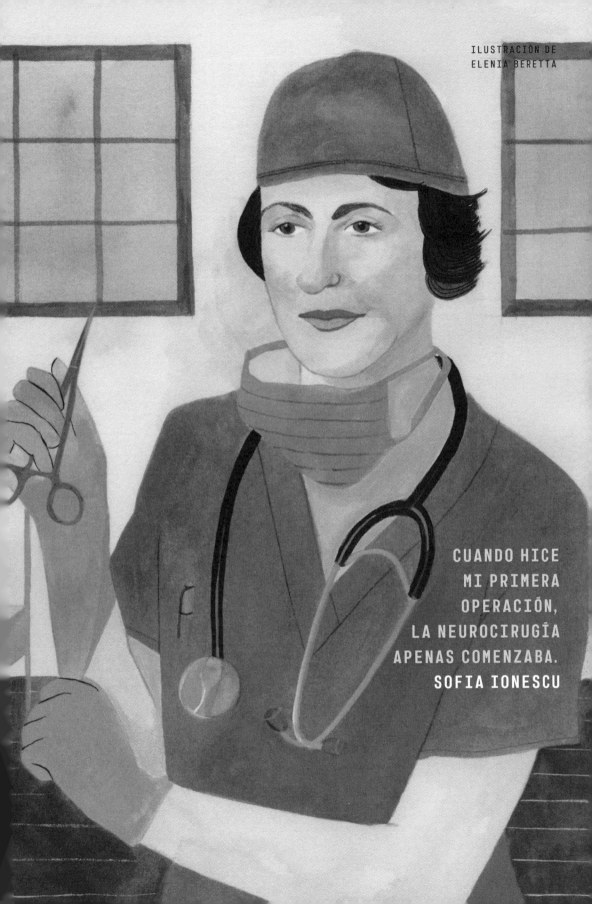

ILUSTRACIÓN DE
ELENIA BERETTA

CUANDO HICE
MI PRIMERA
OPERACIÓN,
LA NEUROCIRUGÍA
APENAS COMENZABA.
SOFIA IONESCU

SOJOURNER TRUTH
ACTIVISTA

Isabella tenía una voz poderosa, pero no podía usarla porque nació siendo esclava.

Cuando creció, Isabella se enamoró de un hombre llamado Robert y quiso casarse con él, pero la familia que lo tenía como esclavo le prohibió estar con ella. A Isabella la forzaron a casarse con otro hombre, Thomas, y tuvieron cinco hijos. Pero nunca sabía si los vería al día siguiente, pues los dueños de los esclavos podían venderlos sin siquiera darle aviso. Era aterrador.

El hombre que la tenía cautiva, Dumont, le prometió que los liberaría a ella y a sus hijos, pero cuando llegó el día, no cumplió con su palabra. Furiosa, Isabella escapó.

Algunos vecinos que querían que la esclavitud terminara le pagaron veinte dólares a Dumont e Isabella fue libre al fin. Ahora sí podía usar su voz.

Uno de sus hijos, Peter, había sido vendido a un hombre blanco en Alabama, pero Isabella sabía que era ilegal vender esclavos fuera de los límites del estado. Llevó al tipo a la Corte ¡y ganó! Peter volvió con ella a Nueva York.

Isabella se cambió el nombre a Sojourner Truth. *Sojourner* significa «alguien que viaja», así que fue por todo el país dando discursos sobre el verdadero significado de la esclavitud y la importancia de alcanzar los mismos derechos entre hombres y mujeres.

—Ese hombre de allá dice que las mujeres necesitan que las ayuden a subir a los carruajes, y que las carguen para cruzar una zanja —dijo en uno de sus discursos—. ¡A mí nadie me ayuda nunca a subir a carruajes ni a pasar sobre los charcos de lodo! ¿Y no soy una mujer?

CIRCA 1797-26 DE NOVIEMBRE DE 1883
ESTADOS UNIDOS

ILUSTRACIÓN DE
CRISTINA AMODEO

¡MIREN MI BRAZO!
¿NO SOY UNA MUJER?
SOJOURNER TRUTH

SONIA SOTOMAYOR
JUEZA DE LA CORTE SUPREMA

Había una vez una niña que quería ser detective. Su nombre era Sonia. Cuando tenía seis años, Sonia fue diagnosticada con **diabetes**.

—No puedes ser detective —le dijeron—. ¡Necesitas elegir otra cosa!

Pero Sonia no se rindió. Su programa de televisión favorito era un drama legal protagonizado por un brillante abogado llamado Perry Mason. No era tan emocionante como su detective favorita, Nancy Drew, pero era muy bueno resolviendo crímenes.

«Muy bien», pensó. «Entonces seré abogada como Perry Mason».

Sonia venía de una familia pobre que se había mudado a Nueva York desde Puerto Rico. Cuando tenía nueve años, su padre murió y toda la familia quedó a cargo de su madre, quien trabajaba seis días a la semana y siempre le decía a Sonia que debía tener una excelente educación.

Sonia no la decepcionó. Estudió mucho y se convirtió en una de las pocas hispanas aceptadas por la Universidad de Princeton en ese tiempo.

—Me sentía como una extraterrestre —recordó tiempo después. Pero aun así se las arregló para graduarse con las mejores calificaciones, y continuó sus estudios en la prestigiosa Escuela de Leyes de Yale.

Se convirtió en jueza y trabajó en todos los niveles del sistema judicial. Cuando Barack Obama fue elegido presidente, la nominó para la **Corte Suprema** de Estados Unidos, y Sonia llegó a ser la primera latina en alcanzar ese puesto.

Sonia tuvo un papel muy relevante en algunos de los casos legales más importantes del país, incluida la decisión histórica de legalizar los matrimonios del mismo sexo en todos los estados.

NACIÓ EL 25 DE JUNIO DE 1954
ESTADOS UNIDOS

ILUSTRACIÓN DE
KATHRIN HONESTA

LA LATINA EN MÍ ES UNA BRASA
QUE ARDE POR SIEMPRE.
SONIA SOTOMAYOR

SOPHIA LOREN
ACTRIZ

El apodo de Sophia era Palillo.

Creció en Nápoles, Italia, durante la Segunda Guerra Mundial, en un pequeño departamento que compartía con su mamá, su hermana, sus abuelos, su tía y su tío. Nunca había suficiente comida para nadie.

La mamá de Sophia soñaba con convertirse en actriz, así que cuando escuchaba que se necesitaban extras en una filmación en Roma empacaba sus maletas e iba, llevándose a Sophia con ella. Sophia aún era una adolescente, pero se dio cuenta de que le gustaba estar en el set, así que decidió quedarse en Roma para forjarse una carrera como actriz.

Para ese tiempo, aquel delgado palillo había crecido hasta convertirse en una hermosa jovencita. Sophia trabajó como modelo para revistas y en pasarelas mientras conseguía llegar al cine.

Al principio, los directores se sentían atraídos por su belleza, pero pronto descubrían que Sophia era además una excelente actriz. Rápidamente se convirtió en el rostro del cine italiano. Comedias, dramas, *thrillers*... era la protagonista en todo.

Con su pícaro sentido del humor, su pasión y su fuerte personalidad, Sophia representaba la determinación de todo un país para levantarse tras los largos y difíciles años de la guerra y para trabajar por un futuro mejor.

Hollywood también notó el talento de Sophia, y no pasó mucho antes de que los productores se pelearan por tenerla en sus próximas películas. Sophia puso esa chispa especial en los años de oro del cine estadounidense.

—Si eres lo suficientemente obstinada —dijo una vez—, descubrirás cuáles son las historias que llevas en tu corazón, harás tu mejor esfuerzo para contarlas y con el tiempo alcanzarás el éxito.

NACIÓ EL 20 DE SEPTIEMBRE DE 1934
ITALIA

ILUSTRACIÓN DE
MARTA SIGNORI

TODO LO QUE VES
SE LO DEBO AL ESPAGUETI.
SOPHIA LOREN

SOPHIE SCHOLL

ACTIVISTA

Había una vez una niña llamada Sophie que solía pararse afuera de la prisión de su pueblo a tocar la flauta, con la esperanza de que un prisionero específico la escuchara. La melodía que tocaba era «Die Gedanken sind frei» (Los pensamientos son libres), y el prisionero que la escuchaba desde su celda era su padre, a quien habían encarcelado por oponerse a los nazis y a su líder, Adolfo Hitler.

Cuando era más joven, Sophie apoyaba a Hitler. Ella y su hermano Hans incluso marcharon en desfiles para él. Pero luego comenzaron a leer sobre las cosas terribles que estaban haciendo los nazis, supieron del genocidio contra los judíos y otras personas que eran rechazadas, y se dieron cuenta de que su padre siempre tuvo razón: Adolfo Hitler no era un buen hombre.

Sophie y Hans formaron un grupo llamado la Rosa Blanca e hicieron volantes y panfletos animando a los alemanes a enfrentar a los nazis.

En ese tiempo, todas las escuelas, iglesias, universidades y calles estaban llenos de espías, y cualquiera que se atreviera a criticar a Hitler era reportado a la policía y lo arrestaban. Pero eso no detuvo a Sophie. Ella sabía en su corazón que oponerse a los nazis era lo correcto y no tenía miedo de las consecuencias.

—¿Cómo podemos esperar que la justicia gane si no nos entregamos a una causa justa? —decía.

Tristemente, Sophie y los otros miembros de la Rosa Blanca fueron arrestados, juzgados y ejecutados por los nazis, pero su ejemplo inspiró a personas de todo el mundo a luchar por la libertad.

9 DE MAYO DE 1921 - 22 DE FEBRERO DE 1943

ALEMANIA

ILUSTRACIÓN DE
CRISTINA PORTOLANO

¿QUÉ IMPORTA MI MUERTE SI,
A TRAVÉS DE NOSOTROS, MILES
DE PERSONAS SE PONEN
EN ACCIÓN?
SOPHIE SCHOLL

STEFFI GRAF

TENISTA

Había una vez una niñita que amaba el tenis. Steffi veía a su padre entrenar a otros jugadores, y lo perseguía insistiéndole en que la dejara jugar a ella también.

—Papá, quiero una raqueta. Quiero jugar tenis como tú.

—Eres demasiado pequeña —le decía su padre—. Espera a que crezcas un poco más.

—Pero ¡quiero jugar ya!

De tanta insistencia, su padre finalmente cedió. Tomó una raqueta de tenis y cortó el mango por la mitad.

—Toma —le dijo—. Ya puedes jugar.

Steffi estaba muy emocionada. Hizo su propia cancha de tenis en el sótano, atando una cuerda entre dos sillas para simular la red. Pasaba horas ahí abajo, golpeando dichosa la pelota con su raqueta. Estaba feliz, pero su madre no tanto... ¡muchas lámparas acabaron rotas!

Con apenas seis años, Steffi ganó su primer torneo de tenis, y de ahí en adelante no hubo nada que la detuviera. Creció hasta convertirse en una de las estrellas más brillantes del tenis en el mundo. Ganó veintidós títulos individuales de Grand Slam, consiguió una medalla olímpica de oro y alcanzó un récord sin precedentes al ser votada ¡cinco veces! como la personalidad alemana del año en los deportes.

Ahora le encanta pasar tiempo con su hija, Jaz, quien prefiere andar en patines y bailar hip-hop que el tenis. A Steffi eso no le molesta, pues cree que todas las niñas deberían ser libres de hacer lo que más les gusta y lo que las hace felices.

NACIÓ EL 14 DE JUNIO DE 1969
ALEMANIA

ILUSTRACIÓN DE
GIULIA FLAMINI

COMENCÉ MI CARRERA EN LA SALA. MI PAPÁ
ME LANZABA LA PELOTA Y YO LA GOLPEABA...
DESTRUÍ MUCHOS MUEBLES.
STEFFI GRAF

TEMPLE GRANDIN
PROFESORA DE CIENCIAS DE LOS ANIMALES

Había una vez una niña que inventó una máquina enorme. Su nombre era Temple y habló hasta los tres años y medio. Por suerte, sus padres se dieron cuenta de que necesitaba un poco de ayuda extra y contrataron a un terapeuta del lenguaje.

La mamá de Temple notaba que su hija era diferente, pero no se dio cuenta de que era autista hasta tiempo después. El cerebro de una persona autista está configurado de una manera ligeramente distinta, y como resultado de eso, su experiencia del mundo es diferente de la de los demás. Como muchos niños autistas, Temple tenía una piel supersensible: la ropa le picaba mucho, así que siempre tenía que usar pantalones y playeras muy suaves. Tampoco le gustaba que la abrazaran, pero le encantaba la sensación de ser presionada, así que inventó una máquina que la pudiera abrazar como a ella le gustaba.

En ese tiempo, la gente no entendía el autismo. Nadie quería ser etiquetado como autista, aunque eso podía significar muchas cosas diferentes. Los niños autistas están en un espectro que puede ir de un nivel de genios hasta niños con graves discapacidades del desarrollo o incapaces de hablar. Pero Temple no tuvo miedo de hablar sobre su autismo ni de explicar cómo su cerebro trabajaba de manera distinta.

—No pienso en palabras —solía decir—. Pienso en imágenes, ¡como una vaca!

Temple comprendió instintivamente cómo los animales entendían el mundo, y se convirtió en una profesora de ciencias de los animales mundialmente famosa que defendió con fuerza el trato humano hacia el ganado en un libro deslumbrante titulado *Los animales nos hacen humanos*.

NACIÓ EL 29 DE AGOSTO DE 1947
ESTADOS UNIDOS

LO MÁS IMPORTANTE QUE HIZO LA GENTE
POR MÍ FUE EXPONERME A NUEVAS COSAS.
TEMPLE GRANDIN

TROPA 6000
GIRL SCOUTS

Giselle era una madre soltera con cinco hijos.

Trabajaba duro para pagar la renta de su maltrecho departamento, pero cuando el dueño vendió el edificio, ella no pudo pagar otro lugar y se quedó en la calle junto con sus hijos.

La ciudad de Nueva York había rentado diez pisos en un motel en el vecindario de Queens para recibir a familias sin hogar, y ahí fueron a parar Giselle y sus hijos.

En ese tiempo, Giselle trabajaba con las *Girl Scouts* del área metropolitana de Nueva York, así que pensó: «¿Por qué no empezamos una tropa en el albergue?», y así lo hizo.

En la primera junta, sólo había ocho niñas y tres de ellas eran las hijas de Giselle. Pero no se rindió. Anunciándose de boca en boca y con algunos volantes, la Tropa 6000 creció hasta tener veintiocho chicas, algunas incluso de cinco años.

—No tener casa no es fácil —decía Giselle—. Espero que las niñas en la Tropa 6000 aprendan que los tiempos difíciles son sólo una temporada de sus vidas y que los superarán.

La Tropa 6000 es la primera para niñas sin hogar en Nueva York, pero le seguirán muchas más; desafortunadamente, la falta de hogar sigue siendo un grave problema por todo Estados Unidos.

—Somos como una manada —dice Karina, una de las hijas de Giselle—. Si una se cae, las demás estaremos ahí para levantarla de nuevo.

Al igual que otras *Girl Scouts* y Guías, a Karina y a sus amigas les encanta la aventura, cultivan el valor y la honestidad, la responsabilidad y la fortaleza, y saben que no importa de dónde seas ni dónde vivas, ¡de eso se trata ser una *Girl Scout*!

COMENZÓ EN FEBRERO DE 2017
ESTADOS UNIDOS

¡HAY TANTAS COSAS QUE ERES CAPAZ DE LOGRAR!
GISELLE BURGESS

VALENTINA TERESHKOVA
COSMONAUTA

Había una vez una mujer de ochenta años que se ofreció como voluntaria para un viaje a Marte sin regreso. Su nombre era Valentina, y cuando tenía veinticuatro años, fue la primera mujer en viajar al espacio exterior.

Valentina amaba volar. Se lanzaba en paracaídas cada fin de semana durante el día o la noche, hacia la tierra o el agua. Cuando Rusia comenzó a seleccionar a mujeres para entrenarlas como cosmonautas, Valentina hizo todo cuanto pudo para entrar al programa. Tras meses de arduo entrenamiento, fue elegida para volar en la nave *Vostok 6*.

Pero poco después del despegue, Valentina se dio cuenta de que algo andaba mal: los ajustes para el regreso eran incorrectos, y al final de la misión, la nave saldría a toda velocidad hacia el espacio exterior en lugar de regresar a la Tierra. Por más que amaba volar, ¡Valentina todavía no estaba lista para dejar la Tierra para siempre! Se puso en contacto con los ingenieros en el centro de control, y todos trabajaron sin descanso para corregir los ajustes antes de que fuera demasiado tarde.

Sus jefes estaban horrorizados y no querían admitir que habían cometido un error, así que hicieron que Valentina les prometiera que nunca se lo contaría a nadie. Pasaron treinta años antes de que pudiera revelar la verdad sobre su misión.

Ahora que es una mujer mayor, a Valentina le encantaría ir al espacio en un viaje final.

—La Tierra se ve tan hermosa y frágil desde el espacio exterior —dice—. Debemos hacer todo lo que podamos para protegerla. Especialmente de los asteroides.

NACIÓ EL 6 DE MARZO DE 1937

RUSIA

ILUSTRACIÓN DE
MALIN ROSENQVIST

OYE, CIELO, QUÍTATE EL SOMBRERO. ¡VOY PARA ALLÁ!
VALENTINA TERESHKOVA

CCCP

VALERIE THOMAS

ASTRÓNOMA

Un día, una jovencita tomó un libro titulado *El primer libro de radio y electrónica de los chicos.*

«No soy un chico», pensó Valerie, «pero ¿eso qué importa? ¡Esto es fascinante!».

Cuando su papá tomó la televisión para arreglarla, Valerie quiso ayudar.

—Esto es demasiado complicado para las niñas —dijo su padre, pero ella quería descubrir cómo funcionaban las cosas.

Al terminar la universidad, consiguió un puesto importante en la NASA para trabajar en algo mucho más complicado que una televisión: el primer satélite del mundo. El *Landsat 1* fue lanzado al espacio y envió de regreso imágenes de la Tierra que ayudaron a predecir los patrones del clima y los ciclos de los cultivos.

Un día, Valerie visitó un museo de ciencias y vio algo que cambió su vida. ¡Era un foco sin conexiones que brillaba muy fuerte! ¿Cómo conseguían eso?

La respuesta era una astuta ilusión óptica creada por un segundo foco oculto y **espejos cóncavos** que hacían *parecer* que el primer foco estaba encendido. Eso le dio una gran idea a Valerie. Comenzó a investigar en la NASA los espejos cóncavos y la luz, y se le ocurrió un invento brillante llamado **transmisor de ilusión**. Esta increíble pieza tecnológica se sigue usando en los programas de exploración espacial de la NASA, y científicos como Valerie están desarrollando formas de utilizarlo para ver el interior del cuerpo humano. Algún día, ¡hasta podría proyectar videos 3D desde tu televisión directo a tu sala!

—Descubre lo que quieres, enfrenta al poder, vive sin límites —dice Valerie—. No lo descubrirás siguiendo las reglas y escuchando obedientemente.

NACIÓ EN FEBRERO DE 1943

ESTADOS UNIDOS

NASA

DESCUBRIR LO QUE QUIERES
SE LOGRA FRACASANDO Y
VOLVIENDO A INTENTARLO.
VALERIE THOMAS

VIOLETA PARRA
COMPOSITORA Y MÚSICA

Había una vez una niña que solía cantar con su hermana mientras limpiaban lápidas en el cementerio. Su nombre era Violeta.

Violeta no tenía vestidos bonitos. Su familia era pobre, así que su madre le hacía ropa con materiales sobrantes. A Violeta eso no le molestaba; de hecho, su ropa le parecía tan hermosa que aun cuando creció y tuvo su propio dinero, decidió seguir vistiéndose así.

Un día, ella y su hermana pasaron junto a una granja y escucharon a unos trabajadores cantando una hermosa canción.

—¡Cómo me gusta esa canción! —exclamó Violeta. Así que se fue a casa, buscó la guitarra de su papá y comenzó a tocar. Sus dedos bailaban sobre las cuerdas, creando la música más encantadora.

Cuando creció, Violeta comenzó a viajar por todo Chile. Con una grabadora y una libreta en la mano fue a los lugares más remotos del país, coleccionando canciones y recuerdos de toda la gente que iba conociendo. Muchas de las canciones que aprendió habían pasado de generación en generación, pero nunca nadie las había escrito o grabado antes que ella.

Su música estaba profundamente inspirada en la cultura tradicional que absorbió durante su viaje. Violeta se convirtió en una heroína nacional. Sus canciones hablaban de leyendas, de la historia, del amor y de la vida.

Violeta también era escultora, poeta y pintora. Y bordaba imágenes tan hermosas que fueron exhibidas en el Museo del Louvre en París tras su muerte.

Hoy las canciones de Violeta se cantan por todo el mundo.

4 DE OCTUBRE DE 1917-5 DE FEBRERO DE 1967
CHILE

ILUSTRACIÓN DE
PAOLA ROLLO

GRACIAS A LA VIDA
QUE ME HA DADO TANTO.
VIOLETA PARRA

VIRGINIA HALL
ESPÍA

Había una vez una mujer con una pierna de palo. Su nombre era Virginia, y a su pierna la llamó Cuthbert.

Aunque tenía una cojera al caminar, Virginia era increíblemente decidida. Cuando la Segunda Guerra Mundial estalló, se unió a las Fuerzas Especiales Británicas y cruzó el canal de la Mancha para ayudar a la Resistencia francesa a combatir a los nazis.

Virginia era una artista del disfraz. Una vez fingió ser una lechera anciana: se tiñó el cabello de gris, se puso una falda larga y se movió de tal manera que nadie pudiera notar su cojera. Se las arregló para enviar mensajes secretos de radio en los que advertía a los Aliados sobre los movimientos de las tropas alemanas. Era un trabajo increíblemente peligroso, y Virginia sabía que si la descubrían sería torturada y asesinada, pero de cualquier modo siguió adelante.

La Dama Coja, como se le conocía, era considerada la más peligrosa de todos los espías aliados. La policía secreta de los nazis puso carteles de «Se busca» por toda Francia, pero Virginia siempre iba un paso delante de ellos.

Una vez casi murió al cruzar los Pirineos a pie en medio del invierno. Envió un mensaje de radio a Londres diciendo: «Tengo problemas con Cuthbert». Nadie entendió que hablaba de su pierna. «Si Cuthbert te está causando problemas», le respondieron, «¡haz que lo eliminen!».

Para cuando terminó la guerra, el equipo de la Dama Coja había destruido cuatro puentes, descarrilado varios trenes de carga, hecho estallar una vía de tren, cortado cables de teléfono y capturado a cientos de soldados enemigos. Virginia fue declarada la mejor espía estadounidense y recibió una medalla por su valor.

6 DE ABRIL DE 1906-8 DE JULIO DE 1982
ESTADOS UNIDOS

DESPUÉS DE TODO,
MI CUELLO ES MÍO.
SI ESTOY DISPUESTA
A QUE ME LO RETUERZAN,
CREO QUE ES MI DECISIÓN.
VIRGINIA HALL

VIVIAN MAIER

FOTÓGRAFA

Había una vez una niñera que en secreto era fotógrafa. Caminaba por las calles de Chicago con los niños a los que cuidaba y les tomaba fotografías a extraños mientras hacían cosas de todos los días. Su nombre era Vivian y nunca le mostró sus fotos a nadie.

Vivian residió cuarenta años con las familias para las que trabajaba. No le gustaba hablar y pedía que colocaran cerrojos en su habitación, a la cual todos tenían prohibida la entrada. Era tan reservada que cuando llevaba a revelar los rollos de sus fotos, nunca daba su nombre real. A lo largo de su vida, tomó más de cien mil fotografías, pero nadie supo nunca que era fotógrafa.

Vivian guardaba todos sus negativos e impresiones en un almacén rentado. Dos años antes de morir, dejó de pagar la renta, y todo lo que estaba ahí dentro se puso a la venta. En la subasta, toda su obra fue comprada por tres coleccionistas de fotos. No tenían idea de que habían encontrado un tesoro escondido.

Pese a no tener capacitación formal, Vivian había capturado la vida callejera de Estados Unidos durante la posguerra con la crudeza e intensidad de una profesional: gente comiendo donas, comprando víveres, yendo a museos, siendo arrestada, besándose, vendiendo periódicos, limpiando zapatos. Algunas veces también se fotografió a sí misma en el reflejo de los escaparates, o incluso como una sombra en una pared.

Vivian se convirtió en una sensación internacional.

Usaba una cámara Rolleiflex que sostenía a la altura de su pecho para mantener contacto visual con la persona a la que estaba fotografiando. Muchas de sus tomas más memorables son de gente que la mira directamente.

1 DE FEBRERO DE 1926-21 DE ABRIL DE 2009

ESTADOS UNIDOS

ILUSTRACIÓN DE
SARA OLMOS

SOY ALGO ASÍ
COMO UNA ESPÍA.
VIVIAN MAIER

WISŁAWA SZYMBORSKA
POETA

Una vez, hace muchos años, una niñita le entregó una hoja de papel a su padre. En ella estaba un poema que había escrito. Su padre se puso los lentes y estudió con gran seriedad la letra temblorosa. Luego asintió, metió la mano en su bolsillo y sacó un centavo.

—Es un buen poema, Wisława —dijo, dándole la moneda mientras sonreía.

La casa de Wisława estaba llena de libros. Ella leía todo lo que podía y escribió poemas toda su infancia. Aunque su familia no era rica, era un hogar feliz, lleno de pláticas, risas, libros y gatos.

Pero todo cambió al estallar la Segunda Guerra Mundial. Liderado por Hitler, el ejército alemán invadió el país de Wisława, Polonia, cuando ella tenía dieciséis años. Fue un tiempo terrible para los habitantes de Polonia; muchos fueron deportados y los intelectuales frecuentemente eran ejecutados. Durante la ocupación nazi no había lugar para los poetas: el trabajo de Wisława, su libertad, e incluso su vida, estaban en riesgo. Comenzó a trabajar en la compañía de trenes, pero siguió escribiendo en secreto y logró sobrevivir.

Años después escribió un poema sobre Hitler en el que lo imaginaba como un tierno bebé, «un niñito con su batita»; al fin y al cabo, nadie pensó en qué se convertiría ese niño cuando creciera. La gente de todas partes amaba la poesía de Wisława, pues siempre tenía sorpresas. Escribía de manera sencilla y hermosa sobre cosas comunes: «sillas y penas, tijeras, ternura, transistores, violines, [y] tazas de té». Encontraba risas y diversión en lugares inesperados.

Cuando ganó el Premio Nobel de Literatura, bromeó diciendo que era porque su amiga tenía un «sofá mágico». Si te sentabas en él, iganarías el premio!

2 DE JULIO DE 1923 – 1 DE FEBRERO DE 2012
POLONIA

EN TODA RESPUESTA
POSIBLE DEBERÍA
HABER OTRA
PREGUNTA.
WISŁAWA SZYMBORSKA

YEONMI PARK

ACTIVISTA

É rase una vez, en Corea del Norte, que la gente no podía cantar libremente ni vestir como quisiera, leer el periódico o hacer una llamada a otro país.

Yeonmi nació ahí. Como muchos norcoreanos, tenía tanto miedo del líder supremo que creía que él podía leer su mente y la encarcelaría si no le gustaban sus pensamientos.

Cuando Yeonmi tenía catorce años, su familia decidió escapar.

Fue un viaje peligroso. Ella y su madre cruzaron un río congelado y tres montañas para llegar a la frontera china. Ahí las trataron muy mal: cuando los refugiados no tienen más opción que entrar ilegalmente a un país, no hay leyes que los protejan y pueden ser víctimas de toda clase de criminales.

Yeonmi y su mamá vivían escondiéndose, temiendo que las autoridades chinas las encontraran y las enviaran de regreso a Corea del Norte. Era un pensamiento tan aterrador que huyeron a Mongolia.

Cruzaron a pie el desierto de Gobi con una brújula. Cuando esta dejó de funcionar, siguieron las estrellas. En la frontera mongola, los guardias les dijeron que no podían entrar. Habiendo perdido toda esperanza, Yeonmi y su madre amenazaron con matarse, y entonces los guardias las dejaron pasar.

Unos años después, Yeonmi, que ahora vive segura en Nueva York, contó su historia en un poderoso discurso en la Cumbre One Young World en Irlanda. Sus palabras conmovieron al mundo y se convirtió en una activista de tiempo completo por los derechos humanos. Diariamente trabaja para liberar a su país de nacimiento de la terrible dictadura y para proteger a los refugiados norcoreanos.

NACIÓ EL 4 DE OCTUBRE DE 1993

COREA DEL NORTE

ILUSTRACIÓN DE
JOANA ESTRELA

CHINA

COREA DEL
NORTE

MAR
AMARILLO

COREA
DEL
SUR

1984

GEORGE
ORWELL

SENTÍA
QUE SÓLO
LAS ESTRELLAS
NOS ACOMPAÑABAN.
YEONMI PARK

~~ ESCRIBE TU PROPIA HISTORIA ~~

H abía una vez... _____
_____
_____
_____
_____
_____
_____
_____
_____
_____
_____
_____
_____
_____
_____
_____
_____
_____
_____
_____
_____
_____
_____
_____
_____
_____
_____
_____
_____
_____
_____

DIBUJA TU RETRATO

GLOSARIO

BOICOTEAR Decidir no comprar algo o no participar en un evento a manera de protesta.

CORTE SUPREMA La Corte más importante en Estados Unidos. Atiende casos criminales y constitucionales.

CRISTALÓGRAFOS Científicos que estudian cómo se acomodan los átomos en los sólidos cristalinos como la sal de mesa, los diamantes o los copos de nieve.

DIABETES Enfermedad que afecta la forma en que el cuerpo procesa la glucosa.

ENERGÍA DEL PUNTO CERO

La energía más baja posible que puede tener un sistema mecánico cuántico.

ENIGMÁTICA(O) Se dice de algo que es misterioso o difícil de entender.

ENZIMAS Sustancias que aceleran las reacciones bioquímicas en las plantas o los animales.

ESPEJO CÓNCAVO Un espejo con la superficie reflejante curvada hacia adentro.

ESTROFA SÁFICA Un grupo de versos de cuatro líneas, cada una con un patrón específico de acentos y cierto número de sílabas.

FLORA Y FAUNA Todas las plantas (flora) y animales (fauna) presentes en una región en particular.

GENOCIDIO DE RUANDA

El asesinato masivo de la gente conocida como los tutsis a manos de miembros de otro grupo, llamado los hutus, en Ruanda, país de África Oriental, en 1994.

GLUCOSA El principal tipo de azúcar en la sangre y la fuente más importante de energía para las células del cuerpo.

GLOSARIO

MÚSICA FOLCLÓRICA La música tradicional que se origina entre la gente de un país o un área, y que por lo general se transmite oralmente de generación en generación.

SALSA Un tipo de música latinoamericana para bailar, o una popular forma de baile que se interpreta con esta música.

SANTERÍA Una religión originalmente practicada en Cuba pero desarrollada por gente con raíces en África Occidental.

SÍNDROME DE DOWN Una condición causada por un cromosoma extra. Las personas con síndrome de Down pueden tener problemas de salud, dificultades de aprendizaje y limitaciones físicas.

TELA CALICÓ Una tela hecha de algodón grueso.

TEORÍA CUÁNTICA La física clásica estudia el comportamiento de la materia y la energía en el universo cotidiano. Explica, por ejemplo, el movimiento de una pelota de béisbol por el aire. La teoría cuántica, por su parte, estudia el comportamiento del universo a una escala mucho más pequeña. Las partículas más pequeñas del universo no se comportan bajo los mismos principios que los objetos grandes. Tienen sus propias reglas, y esas reglas son las que estudia la mecánica cuántica.

TRANSMISOR DE ILUSIÓN

Aparato que utiliza espejos cóncavos para crear la ilusión de un objeto en 3D.

TÚNEL DE PRESIÓN SUPERSÓNICO

Un enorme túnel de viento donde los científicos de la NASA probaban las naves espaciales antes de ponerlas en órbita.

VENDAJE DE PIES Una antigua tradición china en la que a las niñas pequeñas les fracturaban los pies y se los vendaban con mucha fuerza para cambiar su forma y mantenerlos imposiblemente pequeños. Las niñas con pies vendados apenas podían caminar solas, pero sus pequeños pies eran considerados un símbolo de belleza.

SALÓN DE LA FAMA DE LOS REBELDES

¡Aplausos para las y los rebeldes que creyeron antes que nadie en *Cuentos de buenas noches para niñas rebeldes 2* en Kickstarter! Son de todas partes del mundo y van a cambiarlo.

ABBIGAIL SKETCHLEY
ABBY Y PAIGE LAROCHELLE
ABIG SUSSMAN
ABIGAIL COHEN
ABIGAIL Y MADELINE SHERLOCK
ADA TAFLINGER-AHMAD
ADA WHITMAN
ADDISON Y ANDREA KANNAS
ADDISON MOYER
ADELINE HOLMSTROM
ADELKA VYCHODILOVA
ADILYNN CROCKER
AINSLEY BRIGHT
ALAINA BOWMAN
ALANA MARTINEZ HERNANDEZ
ALBA MOORE
ALDEN ECKMAN
ALEX SKALETSKY
ALEX WATKINS
ALEXA CONNELLY
ALEXANDRA FRANCES RENNIE
ALEXANDRA LISTER
ALICE BRYANT
ALICE VINCENT
ALINA GRICE
ALINA SUESS
ALISON GARCIA
ALISZA DEVIR
ALLISON COOPER
ALMA MY Y MARIE ELISE AGERLUND KAABER
ALMA OPHELIA Y HARLOW MAGDALENA ZELLERS
AMELIA Y KRISTINA CLARK
AMELIA LOOKHART
AMELIA JANE Y LOLA ELIZABETH STINSON
AMELIE BLECHNER
AMÉLIE WILLIAMS
ANA MARTIN
ANARCELIA CHAVEZ
ANGELISE KIARA RODRIGUEZ

ANIKA Y CLAUDIA STADTMUELLER
ANISHA NAYYAR
ANITA Y ANGELINA BAGGIO BARRETO
ANNA GRAFFAGNINO
ANNABEL ROSE MURPHY
ANNE DARWIN BROOKS
ANNIKA KAPLAN BASDEVANT
ANOUK Y FELIX FREUDENBERG
ANOUSHKA Y OSKAR ROBB
ANUSHRI KAHN
ARWEN Y HANNAH GREENOUGH
ARYANNA HOYEM
ASHLEY Y SHAVEA SCHLOSS
ATHENA FLEARY
AUDREY GIUSTOZZI
AVA Y KEIRA KLISS
AVA EMILY Y NOA STARLIGHT MESLER
AVA TSIGOUNIS
AVELYN CLARE CUTLER
AVERIE ANNE EVINS
AVERY Y MILA DOROGI
AVERY KEPLINGER
AYAKO ROSE SAFRENO
AYLA Y ASHLEA GRIGG
AZUL ZAPATA-TORRENEGRA
BABOOMBA TERRY
BELLA Y GIA DI MARTINO
BELLA Y GABI RIDENHOUR
BIANCA Y FEDERICO BARATTA
BILLIE KARLSSON
BRESYLN, ARROT, Y BRAXON PLESH STOCK-
    BRATINA
BRIANA FEUERSTEIN
BROOKLYN CRISOSTOMO
CAITLIN ELIZABETH DRAGONSLAYER
CAITLIN E IMOGEN O'BRIEN
CAMILA ARNOLD
CAMILLE HANLEY
CARA QUINN LARKIN

CAROLINE ROCCASALVA
CAROLINE ROMPEL
CAROLINE SMYTH
CASSIA GLADYS CADAN-PEMAN
CATHERINE Y BECCA VAN LENT
CHANDLER GRACE OCTETREE
CHARLEE VINCELETTE
CHARLIE GRACE EVANS
CHARLIE TRUSKOSKI
CHARLOTTE Y EISLEY CLINE
CHARLOTTE KENNEDY
CHARLOTTE MOSER-JONES
CHARLOTTE POOLOS
CHIHARU BRIDGEWATER
CHLOE ANGYAL
CHLOE Y GRACE HALE
CHLOE HOBBS
CLAIRE BUSENBARK
CLAIRE DAVIS
CLAIRE POGGIE
CLAIRE RUFFY
CLAIRE Y SLOANE STOLEE
CLARA BOTELHO HOFFMANN
CLARA TOULMIN
CLEMENTINE TAFLINGER
COCO CANTRELL
COLETTE Y ASTRID UNGARETTI
CONSTANÇA VIEIRA
CORA Y IVY BRAND
DAKOTA ALLARD
DANIELA MENDEZ CASTRO
DAPHNE MARIE BARRAILLER
DASCHA MAKORI
DEBRA LOUISE Y MILLIE RUSSELL MCLEOD
DEEDEE Y NAIMA REISS-REINITZ
DELANEY KUHN
DELANEY MCSHANE
DELANEY O'CONNER
DIYA E ISHA THOBHANI
DYLAN COOPER
EADIE MCMAHON
ELAINA MAE SCOTT
ELENA HOROBIN-HULL
ELENA WOLFE
ELIANA Y ARABELLA ARCHUNDE
ELISE LEHRKAMP
ELIZABETH «BETSY» NAGLE
ELIZABETH WEBSTER-MCFADDEN
ELLA MAGUIRE
ELLA Y AUDREY THOMPSON
ELLIA Y VICTORIA WHITACRE

ELLIE DIEBLING
ELLIE HUGHES
ELLISON AMERICA MARUSIC-REID
ELSA PORRATA
EMERI PEERY
EMERY MATTHEW
EMIE WATSON
EMILIA LEVINSEN
EMILY ALESSANDRA Y ANDREA JULIANNA
    DIFEDERICO
EMILY FENSTER
EMILY SMITH
EMMA Y LILIANNE BRUNNER
EMMA Y CHARLOTTE DAVISON
EMMA DEEG
EMMA GOMEZ
EMMA Y LUCY GROSS
EMMA HERON
EMMA ROSE MORRIS
EMMALINE JOANNE SINCLAIR
ENARA BECK
EVE NUNNIKHOVEN
EVELYN Y LYDIA HARE
EVIE GRACE CUNNINGHAM
EVIE Y JESSICA HIGGINSON
FIONA CARIELLO
FLORENCE GRACE Y AUDREY ROSE ARCHER
FRANCESCA PORRAS
FREDRICA THODE
FREJA Y JULIANA HOFVENSCHIOELD
FREYA BERGHAN-WHYMAN
GABBY Y ALEX SPLENDORIO
GABRIELA CUNHA
GABRIELLA Y GALEN VERBEELEN
GEMMA Y DARA WOMACK
GIULIA Y GIORGIA PERSICO
GRACE MARIE ASHMORE
GRACE Y SOFIA MCCOLLUM
GRACIE FOWLER
GRETA Y LUCY HUBER
GRETCHEN PELLE
HADLEY WELLS
HALLIE JO VAUGHN
HANA Y SAMANTHA HALE
HANA HEGAZY
HANNA HART
HANNAH HUNDERMARK
HANSON CCC
HARRIET STUART
HAZEL MAE CARDENAS
HELEN CLARK

HELENA Y NANCY MARTINEZ	LANA VERONITA DAHL
HELENA VAN DER MERWE	LARA IDA Y DERYA KINAY
HENRY TIGER Y BILLY JAMES BEVIS	LAUREN KROFT
EQUIPO HOWARD	LEELA AIYAGARI
ILAINA Y ELIAS NEWBERRY	LENNON Y ARIA BACKO
ILORA Y VIVIKA PAL	LEO LALONDE
IMOGEN OAKENFOLD	LEONIE POMPEI
INGRID PALACIOS	LILA YINGLING
IONA MARQUIST	LILIANA GAIA POPESCU
ISABELLA ROSE FARRELL-JACKSON	LILITH Y ROSE WATTERS
ISABELLA SINENI	LILLY HAWES
ISLA IYER	LILY SCHMITT
JACK WILLIAM Y BILLIE ROSE OLIVER	LOLA VEGA
JADE REISTERER	LUCILE ORR
JAHNAVI KAKARALA	LUIZA Y EMILIJA VIKTORIA GIRNIUS
JANE Y NORA ANNA BEGLEY	LUNA PUCKETT
JASMINE GOODSON	MACY JANE HEWS
JAZMIN ELENES-LEON	MACY Y KATE SCHULTE
JENIFER Y ELIZABETH PATTERSON	MADELEINE DALE
JENNA BERARIU	MADELINE GIBBS
JENNIFER MCCANN	MADELINE ANNE TERESA HAZEL-GOLDHAMER Y
JILLIAN JOY WELLS	SARA NEIL LEA HAZEL
JODI HOLLAND	MADELINE PITTS
JOHANA «JO-JO» HAARMAN-FOWLER	MADELINE Y ELAINE WOO
JOSEPHINE Y LUCIA MOXEY	MADELYN O'BRIEN
JOSEPHINE WEBSTER-FOX	MADISON ROSE HORGAN
JOSIE HOPKINS	MADISYN, MALLORY, Y RAPHAEL PLUNKETT
JOSIE Y NORA HUTTON	MAE Y EVE BUTLER
JOY Y GRACE BRADBURY-SMITH	MAE BETTY Y MARGOT ROATH
JULIA Y PAULINA KIRSTEN	MAGGIE CRISP OXFORD
JUNIPER RUTH MARKS	MAHREYA Y CHRYSEIS GREEN
JUPITER ROSE JAY	MAISIE MAZOKI
KAHUTAIKI Y AWATEA CALMAN	MAMÃ REBELDE ANÔNIMA
KAIA MARIE PADILLA	MAPLE SAN
KATE TYLER	MARGARET QUINN
KATERYNA ZIKOU	MARGAUX BEDIEE
KATHLEEN Y DAISY KELLY	MARIELLA SCHWIETER
KATIE MCDOWELL	MARLOE MARIE NELSON
KATIE MCNAB	MATHILDE Y LINDA GIO COIS
KATIE Y LIZZIE STANDEN	MATILDA WINEBRENNER
KAYA GASTELUM	MAYA Y NOA GUIZZI
KAYLAH PAYNE	MAYA Y SONIA TOLIA
KELLY ROTH	MIA Y JADE GAVONI
KEPLER VAN OVERLOOP	MIA MICHUDA
KIERA JOHNSON	MIA VENTURATO
DRA. KRISTEN LEE	MILA KONAR
KRYSTIN Y ELISSA SCHLEH	MILLIE Y SLOANE KAULENTIS
KYLA PATEL	MIRABELLE CHOE
KYLEE CAUSER	MISCHA BAHAT
KYLIE Y KAITLYN SCOTT	MOLLY DEANE
KYRA MAI	MOXIE INES GOTTLIEB

MOXIE MARQUIS
NADIA GARBE
NATALIA MACIAS PEREZ
NATALIA Y GABRIELA SHANER LOPEZ
NATALIE HEPBURN
NAYARA VIEIRA
NIAMH CAVOSKI MURPHY
NINA JOANNA ARYA
NINA HEWRYK
NORA BAILEY-RADFORD
NORA BELCHER
NORA IGLESIAS POZA
NORAH WALSH
NORENE COSTA
NORI ELIZABETH COOPER
OLIVE SARAH Y EDIE QUINN COLLINGWOOD
OLIVE SHEEHAN
OLIVIA Y MILA CAPPELLO
OLIVIA ANNA CAVALLO STEELE
OLIVIA Y AMELIA O'CONNELL
OLIVIA REED
OLIVIA YIATRAS
PEARL FUHRMAN
PENELOPE SCHNEIDER RIEHLE
PENELOPE JOY ARGUILLA TULL
PENELOPE WHITE
PEYTON Y CAMBRIA HINCY
PHOEBE BISHOP
PIPPA LUNA BARTON
PIXI JUDE RUDY
QUINN SCHULTE
REBECCA WHITE
RILEY KNEZ
RILEY Y GABRIELA ROSARIO
ROBIN Y ANNALISE NORDSTROM
ROSA Y AUSTIN KEREZSI
ROSE GOUGH
ROSE LANDRUM
ROSE LEIGHTON
ROSE TYLER
ROWAN WEBER
ROXY LEVEY
RUBY JANE MCGOWAN
RUTH BROWN
RUTHIE GEISDORFER
RYAN ACKERMAN
RYAN Y SHANE COMSTOCK FERRIS
SAOIRSE Y FELICIA BEDRIN
SARA SAEZ
SHAI MANDELL
SIENNA Y ALEXA MARTINEZ CORZINE

SIRI DIRIX
SLOANE ZELLER
SOFÍA RUÍZ-MURPHY
SOFIE PETRU
SONIA Y BEN TWEITO
SONORA SOFIA GOEL
SOPHIA Y MAYA CRISTOFORETTI
SOPHIA MARTIN
SOPHIA VUU
SOPHIE WEBB
SORAYA ALIABADI
STEIN FT
STELLA ANDERSON
STELLA MESSINA
SYDNEY BROOK
SYDNEY KERPELMAN
SYDNEY MESSER
SYLVIE FRY
SYNIA CASPER
TARA Y TALIA DAIL
TARA LEIJEN
TATE HINERFELD
TATE PITCHER
TATUM STEVELEY
TEAGAN HALEY
TEAGEN Y ANNEN GOUDELOCK
TEDDY ROSE WYLDER HEADEY
VALENTINA NUILA
VANESSA EMSLEY
VANJA SCHUBERT
VICTOR CASAS
VICTORIA Y EMMA HEDGES
VICTORIA PAYTON WOLF
VIOLET SUDBURY
VIVIAN HARRIS
VIVIAN LEE WARTHER
VIVIANA GUTIERREZ
WALLIS STUNTZ
WEDNESDAY FIONA WHITE
WILEMS GIRLS
WYNN GAUDET
ZELDA NATIV
ZOE Y SELLA ALPERIN
ZOE MAE JACKSON
ZOE Y CAILEY MCKITTRICK
ZOIE JONAKIN
ZOYA ESFAHANI

ILUSTRADORAS

Cincuenta extraordinarias artistas de todo el mundo retrataron a las pioneras de *Cuentos de buenas noches para niñas rebeldes 2*. ¡He aquí sus nombres!

T. S. ABE **REINO UNIDO**, 37, 137
CRISTINA AMODEO **ITALIA**, 43, 69, 133, 175
ALICE BARBERINI **ITALIA**, 45, 85, 187
ALICE BENIERO **ITALIA**, 101, 111
ELENIA BERETTA **ITALIA**, 11, 173
MARIJKE BUURLAGE **PAÍSES BAJOS**, 75
CLAUDIA CARIERI **ITALIA**, 47, 51, 59
BEATRICE CEROCCHI **ITALIA**, 185
BARBARA DZIADOSZ **ALEMANIA**, 21, 103
ZOSIA DZIERŻAWSKA **POLONIA**, 9, 199
JOANA ESTRELA **PORTUGAL**, 159, 201
MARYLOU FAURE **REINO UNIDO**, 29, 73
LISK FENG **CHINA**, 95, 161
GIULIA FLAMINI **ITALIA**, 183
MONICA GARWOOD **ESTADOS UNIDOS**, 27, 119
DEBORA GUIDI **ITALIA**, 83, 149
KATHRIN HONESTA **INDONESIA**, 177
ANA JUAN **ESPAÑA**, 33, 57, 127
LAURA JUNGER **FRANCIA**, 97
ELENI KALORKOTI **REINO UNIDO**, 39, 135, 157
PRIYA KURIYAN **INDIA**, 143
LIEKELAND **PAÍSES BAJOS**, 151, 169
GIORGIA MARRAS **ITALIA**, 15, 117, 145, 165
SARAH MAZZETTI **ITALIA**, 13, 67, 139
MARINA MUUN **AUSTRIA**, 123

SALLY NIXON **ESTADOS UNIDOS**, 5
SARA OLMOS **ESPAÑA**, 125, 197
MARTINA PAUKOVA **ESLOVAQUIA**, 7, 81
LAURA PÉREZ **ESPAÑA**, 61
CAMILLA PERKINS **ESTADOS UNIDOS**, 91, 191
CRISTINA PORTOLANO **ITALIA**, 19, 79, 167, 181
KATE PRIOR **ESTADOS UNIDOS**, 141, 171
PAOLA ROLLO **ITALIA**, 71, 193
MALIN ROSENQVIST **SUECIA**, 63, 189
DALILA ROVAZZANI **ITALIA**, 195
JÚLIA SARDÀ **ESPAÑA**, 109
MARTA SIGNORI **ITALIA**, 17, 65, 179
NOA SNIR **ISRAEL**, 53, 89
CRISTINA SPANÒ **ITALIA**, 31, 41
GAIA STELLA **ITALIA**, 55
LIZZY STEWART **REINO UNIDO**, 49, 105
ELISABETTA STOINICH **ITALIA**, 115, 121
GERALDINE SY **FILIPINAS**, 77
GIULIA TOMAI **ITALIA**, 3, 153, 155, 163
THANDIWE TSHABALALA **SUDÁFRICA**, 87
ELINE VAN DAM **PAÍSES BAJOS**, 23, 99, 129
ANNALISA VENTURA **ITALIA**, 107, 113
EMMANUELLE WALKER **CANADÁ**, 25
SARAH WILKINS **NUEVA ZELANDA**, 93, 147
PING ZHU **ESTADOS UNIDOS**, 35, 131

AGRADECIMIENTOS

Nuestra gratitud más grande y profunda va para la comunidad rebelde en Kickstarter. Una vez más, todos ustedes respondieron con enorme generosidad y entusiasmo a *Cuentos de buenas noches para niñas rebeldes 2*. No sólo apoyaron la campaña, sino que nos ayudaron a encontrar estas increíbles historias, nos dieron ánimos en el camino y, sobre todo, no dejaron de creer en nosotras.

Va un agradecimiento especial a todos los niños y hombres rebeldes que están leyendo estas historias y son lo suficientemente valientes para luchar en esta batalla junto a las mujeres de su vida.

Gracias a los papás que están criando hijas libres, independientes y fuertes.

Y a nuestros propios papás, Angelo y Uccio, gracias por apoyarnos siempre. Incluso cuando los confrontamos, incluso cuando no entendían nuestras decisiones, *siempre* estuvieron de nuestro lado. Gracias por inculcarnos esta ansia incontrolable de descubrimiento y aventura, y el más profundo amor por los lugares de donde venimos.

Gracias, gracias, gracias al equipo rebelde: Patricia, Shantèe, Breana, Emilio, Maria, John, McCall, Michon, Michael, Marisela, Eleonora, Natalie, Giulia, Jon y Meredith. Es un honor trabajar con ustedes cada día.

Francesca Cavallo y **Elena Favilli** crecieron en Italia. Son autoras incluidas en la lista de *bestsellers* del *New York Times* y su trabajo ha sido traducido a más de cuarenta idiomas; han sido reseñadas y han escrito para distintas publicaciones, incluidas *The Guardian*, *Vogue*, *The New York Times*, *El País*, *Los Angeles Times*, *Colors Magazine*, *Corriere della Sera* y *La Repubblica*. Son fundadoras de Timbuktu y viven en Venice, California.

Timbuktu es una premiada compañía de medios fundada en 2012 por Elena Favilli (directora ejecutiva) y Francesca Cavallo (directora creativa). Combinando el contenido que invita a la reflexión, un excelente diseño y la innovación empresarial, Timbuktu está redefiniendo los límites de los medios independientes para inspirar a una comunidad global de familias modernas en más de setenta países. Timbuçktu es el hogar de un grupo de rebeldes diverso y apasionado que trabaja en Los Ángeles, Nueva York, Atlanta, Mérida (México), Londres y Milán.

Para recibir actualizaciones de nuestros nuevos proyectos, suscríbete a: *www.rebelgirls.co/secret*

Únete a la comunidad de niñas rebeldes en:
Facebook: www.facebook.com/rebelgirls
Instagram: @rebelgirlsbook
Snapchat: @rebelgirlsbook

Nos harías muy felices si publicas una reseña del libro donde sea que te guste reseñar libros.